霊能者との出会いを通してわかった

人生の目的と生き方

小坂弘道

ナチュラルスピリット

●目次●

はじめに

私達の人生は、人により異なり、実に多様です。

いくつかの例をあげれば、生まれた時から死ぬまで、幸せに過ごす人がいる反面、生まれた時から死ぬまで、不幸せな人もいます。お金持ちの人もいれば、一生貧乏な人もいます。早く死ぬ人もいれば、長生きする人もいます。他人や世の中に尽くし、人々から尊敬される人もいれば、犯罪を犯す人もいます。災害や紛争（戦争）に遭う人もいれば、それらとは無縁の人もいます。

私達人類は、膨大な知識を持っており、年々その知識は増えています。しかし、私達のほとんどの人は**本質的な事**は何一つわかっていません。

例えば、

①何故、私達の人生は、人によって多種多様なのでしょうか。

②人生は何のためにあるのでしょうか。人生に、目的（使命）はあるのでしょうか。

③何故、生まれ、成長し、死ぬるのでしょうか。

④人生には何故、喜び、悲しみ、苦労などがあるのでしょうか。
⑤死とは何なのでしょうか。死んだらどうなるのでしょうか。
⑥人間は何で（肉体、霊体など）、構成されているのでしょうか。
⑦あの世はあるのでしょうか。天国や、地獄はあるのでしょうか。
⑧あの世があるとすれば、どんな世界で、死んだ人は何をしているのでしょうか。
⑨輪廻転生はあるのでしょうか。あれば、何のために輪廻転生するのでしょうか。
⑩仏様や神様はいるのでしょうか。いるとすれば、何をしているのでしょうか。

実にさまざまな**本質的**な**疑問**があります。

お釈迦様は、深い悟りを得て仏様になり、神通力を得、この世やあの世のあらゆる有様や真理を知りました。お釈迦様がこの世に居れば、こうした数々の疑問に答えてくれると思いますが、お釈迦様は、主として「どのように生きたら幸せな、また、有意義な人生を送れるか」ということを説かれました。

お釈迦様、すなわち仏様の教えを「仏教」といいます。しかし、多くの人は**本質的な事**がわからない限り、素直にお釈迦様の教えに従える（納得できる）人は少ないと思います。

世界には、仏教（7パーセント）の他に、キリスト教（32パーセント）、イスラム教（23パーセント）、ヒンドゥー教（15パーセント）、儒教・道教、ユダヤ教などのいろいろな宗教がありますが、いずれの宗教も本質的な疑問に答えていないように私は思います。

世の中には、実にさまざまなスピリチュアル関係の情報や本などが氾濫していますが、いずれの情報や本も本質的な質問に明確に答えていないか、ある程度答えていたとしても信憑性に問題があり、裏づけ資料がないなどの問題があると思っています。

仏教経典や聖書は、お釈迦様やキリスト様の言われたことをそのまま書いたものではなく、お釈迦様やキリスト様が亡くなってから、かなり後に弟子たちによって編纂されたものですが、こうした**本質的な疑問**に関することは書かれていないと私は思います。

では、どうしたらいいかということになります。

ご神仏は間違いなく存在しており、我々のために諸活動をされています。そして、ご神仏はこれらの本質的な質問のすべてがわかる存在です。従って、**本質的な疑問**に関することをできるだけご神仏にお聞きすることが、最も確実で賢明な方法だと思います。

私は、神道についての知識は全くなく、仏教に関しても素人同然の知識しか有していませんでした。しかし、ご神仏や人霊と自由に交信ができる和尚さんを知り、そうした和尚さんのお話や、信頼できる優れた霊能者の方々の著述などにより、**本質的な疑問**に対する答えを多少知ることができたと思っています。もちろん、ご神仏の存在を否定する人や、ご神仏と話をすることができる人がいることを否定する人などにとっては、本書も〝受け入れられないもの〟ということになりますが……。

多くの霊能者や占い関係の方がいますが、本当に力を持っている方はあまりいないように思われます。本当に力を持った和尚さんや霊能者はマスコミに出ることを好まないようです。従って、多くの方がそうした方の存在をご存じないと思います。過去にも本当に優れた霊能力や超能力を有した方はいましたが、この世で苦しんでいる人を救うことを誓願とした人はあまり多くはいませんでした。私は、幸いにもそういう方を何人か知っています。そうした人の中でも、最も優れた方は、ご神仏に認められた方々です。また、この世には医者に行っても治らなかったり、見放されたりしている難病の患者が多数いらっしゃいます。ある種の法力を持った和尚さん達は、ご神仏のお力を借り、そうした方々を救っています。

古来、「日本は神の国であり、世界の手本となるべき国である」という意見があります。世界は今、さまざまな問題を抱えており、日本も例外ではありません。私が本書を書くことになった動機は、**本質的な事**に対しできるだけ答え、それをもとに、「多くの人々が人生の(恒久的)目的を知り、目的に合った正しい人生を送っていただきたい」と願うからです。それにより、日本はより良い国になり、世界の手本となることを願っています。

また、先祖供養の大切さを知り、多くの家が先祖供養を行うようになり、先祖も子孫も、より幸せになることも願いの一つです。

さらに、本物の法力や霊能力を持った方々をご紹介し、迷っている人、問題を抱えている人、難病の人などを救済する一助となすことと、私達を生かしてくれているご神仏を敬い礼拝すること、すなわち、神道と仏教が再び普及することも願いです。

なお、お坊さんの世界では、階級が重要視されていることは知っていますが、本来なら管長や大僧正や山主などの位の方々も本書では、「和尚さん」として紹介させていただいていますことを、ご了承願います。

【読者の方へ】

- 本文中のゴシック体および傍線は筆者の強調したいこと、大切だと考えている内容です。
- 楷書体はご神仏の言葉です。
- 文献からの引用は、字下げあるいは「　」で示しています。引用文中の〈　〉内は筆者注です。

第1章 あの世とこの世について

1 常見と断見

「人は死ねば、あとは何も残らない」といった考え方をし、どうせ一回きりの人生だから、好き勝手なことをした方が良いと考える人が多くなっているように思われます。

仏教的にいえば、こうした考え方(一回きりの人生)を断見と言っています。一方、「現世(この世)もあれば、来世も前世もある」といった考え方を常見と言います。あの世があるかないか、という議論は、現世に住んでいる人間であの世を確認したと公に認められている人は誰もいませんので、誰も断定することができずにいます。ただし、臨死体験といって、短時間の死(脳死状態)に直面し幽体離脱をし、あの世を見てきたという人達がたくさんおり、1800年代の終盤より、臨死体験の研究が多くの研究者によって行われてきました。

特に、臨死体験が世界で注目され始めた1980年代以来、その解釈としては脳内現象説と、肉体が死んでも魂(もしくは自我を感じる意識)が存在し続けるという魂存在説の二つの説が、激しい議論を引き起こしてきました。しかしながら、科学的には、未だに死後の世界があるかないかは誰も証明できていません。

補足……最も興味深い臨死体験は、彗星捜索家の木内鶴彦さんの体験です。『「臨死体験」が教えてくれた宇宙の仕組み』（普遊舎）によると、木内さんは短時間ですが3度完全に死んだ状態になって、他の臨死体験者達と全く異なる稀有な体験をしています。完全に死んだ状態では、意識が鮮明になり、自分の希望する所や過去、未来に行けるそうです。そして、人の意識に入り込み、その人を使って自分のしたいことができるそうです。

お釈迦様のような仏様になれば、我々にはない「神通力（超能力）」という特別な能力を有することができると言われています。例えば、自在に移動できる力、透視する力、他人の考えを知る力、自他の過去世の相《すがた》を知る力などです。

お釈迦様は、あの世があるかないかも当然知っていたはずですが、そうしたことは「人生を正しく生きる」こととは無関係であるとし、全くお話をされなかったといわれています（ただ、『ジャータカ』や大乗仏教の経典では転生譚は数多く書かれています）。従って、前世や来世があるかないかということが、長年の議論となっているわけです。

2 松井光輪先生との出会い

私が初めて尊敬した和尚は、故織田隆弘先生でした。

織田隆弘先生は、お釈迦様と同じことを言っていました。すなわち、あの世があるとかないとかといったことや、人霊がいるとかいないとかといったことは、私達が生きていくうえで大事なことではなく、大事なことは「発菩提心《ほつぼだいしん》」である、と言っていました。発菩提心とは、悟り（菩提＝知恵）を求める心を発《おこ》すということです。別の言葉で言えば、「正しく生きる」ことが大事である、ということです。

ではこの世で、お釈迦様ほどでなくても、例えば（死んでも人霊はいるとすれば）死んだ人や、（仏様や神様がいるとすれば）仏様や神様とお話ができたり、離れたところにいる病人を治したりといった、ちょっとした霊能力・超能力をもった和尚さんはいないのでしょうか。

私はこれまでに、幸運にも多くの能力のある和尚さん、学者、霊能者の方々を知ることができました。

そして、２０１２年の中頃に、これまでお会いした中で最も優れた和尚さんにお会いすることができました。その和尚さんは、大阪の超法輪《ちょうほうりん》というお寺の管長をされていた松井光輪《こうりん》先生です。

そして私は、松井光輪先生が、頻繁にご神仏と対話していることを聞いたり、病人と対峙して病気を治すのを見たり、離れている病人を治していただいたり、先生が前世や前前世で何をしていたのかをお聞きしたりしていました。

これまでお会いした和尚さんにも、病気を治す力を持った和尚さんは多くいましたが、**ご神仏や人霊と対話**ができたり、自分の前世がわかったりする和尚さんにお会いしたのは初めてでした。松井光輪先生は、**悟りも開かれた**と言っていました。

3 ご神仏や人霊との対話

しかし、「ご神仏や人霊と頻繁に対話をしている」ということをお聞きするだけでは、本当にご神仏がいるのかどうか、あの世や輪廻転生があるのかどうか、といったことの疑問を解消することはできないと思われます。

そうしたことを信じるには、やはり何らかの確たる霊的体験が必要です。

私は大変幸運なことに、第3章で述べるように、確たる霊的体験を数回することができました。もちろん、どんな霊的体験をしても、臨死体験などと同様にそうした体験(現象)を信じない人はいると思います。そうした方々は、ご神仏が多くの人々の前にお姿を現し、話をされない限り、または、自分が霊的体験をしない限り、納得できないでしょう。

私の場合は、この体験やその他の経験から、ご神仏の存在やあの世の存在などを信じることができるようになりました。

©Yasuhiro Matsui

図１　復興菩薩像

図1は、2014年1月にこの世の中に初めて出現した**復興菩薩像**の一部を表しています。この菩薩像は、平成25年の夏に、如意輪観音菩薩様から、松井光輪先生の御子息、松井ヤスヒロさん(ご神仏とお話しできる方)に、

「復興に特化した仏様の絵を描け」

とのご指示があり、如意輪観音様とそのお姿について何度も打ち合わせを重ね、形創られました。東日本の震災の復興を願う菩薩像は、これまでに数体作られていますが、それらは「観音菩薩像」が主体でした。復興に特化した仏様として出現されたのは、この菩薩像が初めてと言えます。

そのお姿は、復興のために必要なさまざまな道具を持つ16臂《ぴ》と、合掌する2臂からなっています。この菩薩像は、13の仏様からなっており、中央が如意輪観音様だそうです。あらゆる災害や人類の危機に対して、大いなるお働きをされる菩薩であるとのことです。**復興菩薩様**は、大変なお力を持った仏様ですが、当時、松井光輪先生があまり積極的に宣伝することを控えておりましたので、ほとんどの方がその存在をご存じないのは大変残念なことです。

何故、松井先生が積極的に宣伝することを控えていたかと言えば、仏教界の事情がありました。松井先生は、人と争わないことをモットーにしていましたので、この菩薩像を積極

的に宣伝すれば仏教界でさまざまな論争が巻き上がると考えられたからです。

補足・i……お坊さんの世界は、大変閉鎖的で傲慢で他人を認めない、階級に執着する、そんな世界に見えます。もう少し謙虚でオープンで、他人を認めて聞く耳を持ち、もっとわかりやすい言葉で話す（説教する）べきだと思います。もちろん、立派な和尚さんもたくさんいらっしゃると思いますが、もっと修行し、力を付けていただくことも必要だと感じます。

ii……仏様を分類すると「如来・菩薩・明王・天部・その他」になります。仏様のことを仏尊（仏教尊像）という言い方をする時もありますが、本書では、「仏尊」は「如来」を除く「菩薩・明王・天部・その他」の仏様を指す言葉として使っています。

復興菩薩像をお創りになったことのような、無から有を生む現象も、私が松井光輪先生のお話を信じることになった出来事と言えますが、信じられない人にとっては、「そんな話は適当に作ったものであり、菩薩像は適当に想像し描いたのだろう」と言うことになるでしょう。

松井光輪先生がご存命時には、松井光輪先生や、先生のお嬢さんである松井光穂さん（第2章参照）には、ご神仏から頻繁に伝言や依頼があったそうです。また、松井光輪先生や光穂さんは、人霊との対話も数知れず経験しておられます。

昔のお坊さんや神主さん達には、ご神仏や人霊と対話できる方がたくさんおられたようです。事実、松井光輪先生が子供の時におられた叔母さんのお寺(日蓮宗)では、多くのお坊さんがご神仏や人霊と対話をしていたそうです。

ご神仏と対話ができた方やできる方を第2章で紹介しています。

2014年9月14日に、NHKスペシャルで「立花隆　思索ドキュメント 臨死体験―死ぬとき心はどうなるのか」が放送されました。NHKも立花氏も、臨死現象についてあくまでも科学的に検証しようということのようですが、これは「非科学的なことは受け入れられない」という立場であり、数々の霊的な現象を見ている人からすれば、大変ナンセンスなこと(アプローチ)と言えます。

4 あの世とご神仏界の概要と人間について

まず、「あの世はあるか」「ご神仏は存在するか」という本質的な質問については、「あの世はあり、ご神仏は存在する」ことをお話しました。しかし、この世やあの世やご神仏の世界の全貌を図で表すことは不可能に近いことであると言えます。何故なら、私達を取り巻く世界は大変複雑だからです。従って、さまざまな見解があります。ここでは、参考として2種の図を掲載します。

あの世とご神仏の世界について

図2は、山蔭神道の第七十九世の山蔭基央先生が描かれた「諸宗教の神霊世界の概略図」（仏界やあの世も描写）です。私達に関係する世界は、「この世」「あの世」「ご神仏界」に分

けられると思いますが、この図では、「あの世」と「ご神仏の世界」がそれぞれの宗教により異なる表現、考え方で描かれています。

仏教・ヒンドゥー教では、下から、下部極楽界、上部極楽界、菩薩界、如来界となっています。仏教では、下部極楽界とは幽界のことであり、上部極楽界とは霊界のことです（図2参照）。

また、仏界は、仏教では、下の方から、天部界、明王界、菩薩界、如来界となっていますが、ここでは菩薩界と如来界として描かれています。神道では、下から、幽界、霊界、浄明界、神界として描かれています。

一般的には、浄明界は霊界と神界の間の世界で、人霊が浄明界に昇り神と同じ位に着かれている霊神、または遠祖明神と呼ばれている高級霊のいる世界のことですが、神道で言う浄明界とは、「菩薩、天使、神仙、如来といった高級祖霊の住む世界」とされています。

図2の地下幽界とは、現界の下方の世界で、罪深く心の重く濁った人間が行く世界で冥界（地獄界）と呼ばれています。神道や仏教・ヒンドゥー教における各界には幾層もの階層があります。

こうした図を見て、まず明確に言えることとは、「私達にとって目に見える世界と目に見えない世界（存在）がある」ということです。

もちろん目に見える世界とは、私達が生きている世界、この世のことです。

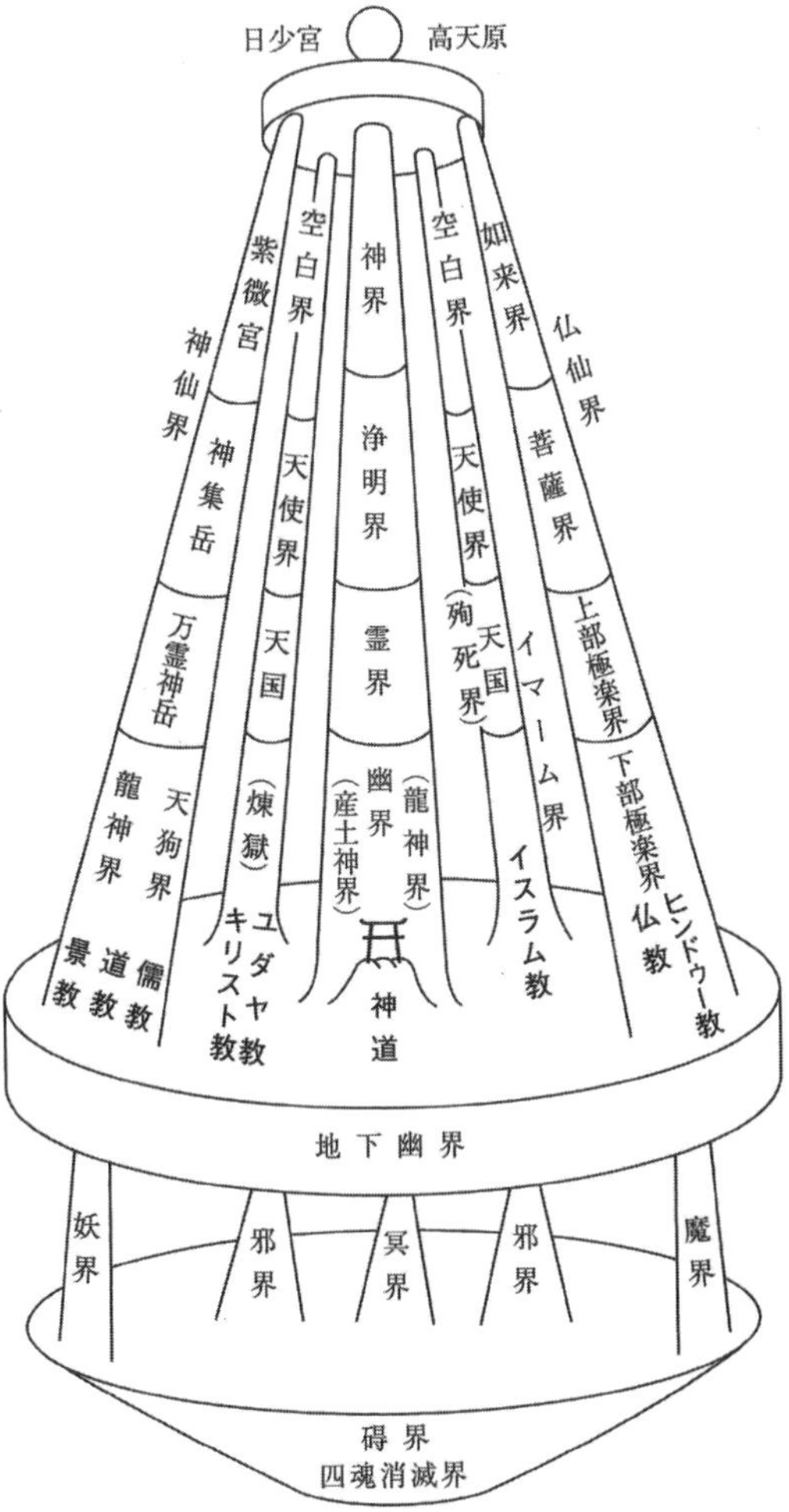

図２　諸宗教の神霊世界の概略図
（山蔭基央『神道の神秘』春秋社より）

また、目に見えない世界(存在)とは、私達の死後の世界(幽界や霊界)やご神仏の世界です。目に見えない世界に関しては、正確に表現できる人は誰もいないため、諸々の考え方があることは致し方のないことと言えます。ここで言える重要なことは、「人間は、すべての世界に関係している」ということです。すなわち、人間は条件が満たされれば、神にも仏にもなれます。これを人格神、人格仏と言います。神や仏には、この世に姿を持ったことのないものもいます。これらは、自然神、自然仏と言います。

図3は私達の関連世界の概要を私が大雑把に表した図です。この図では、幽界と霊界はそれぞれ7段で構成され、格段には「上、中、下」があるとされていますから、幽界と霊界には42の階層があるということになります。霊界の上には、天上界(ご神仏界)があり、天上界にも階層があることが記されています。

幽界、霊界、地獄界、ご神仏界には階層があることは明らかですが、それぞれがいくつの階層で構成されているかは不明と言えます。幽界と霊界には、92の階層があるという意見もあります。ここで重大な疑問が一つあります。それは「何のために階層があるのか」ということです。

また、「階層が違えば何が違うのか」という疑問もあります。階層に関する疑問を説明するためには、「人間とは何か」ということから説明する必要があります。

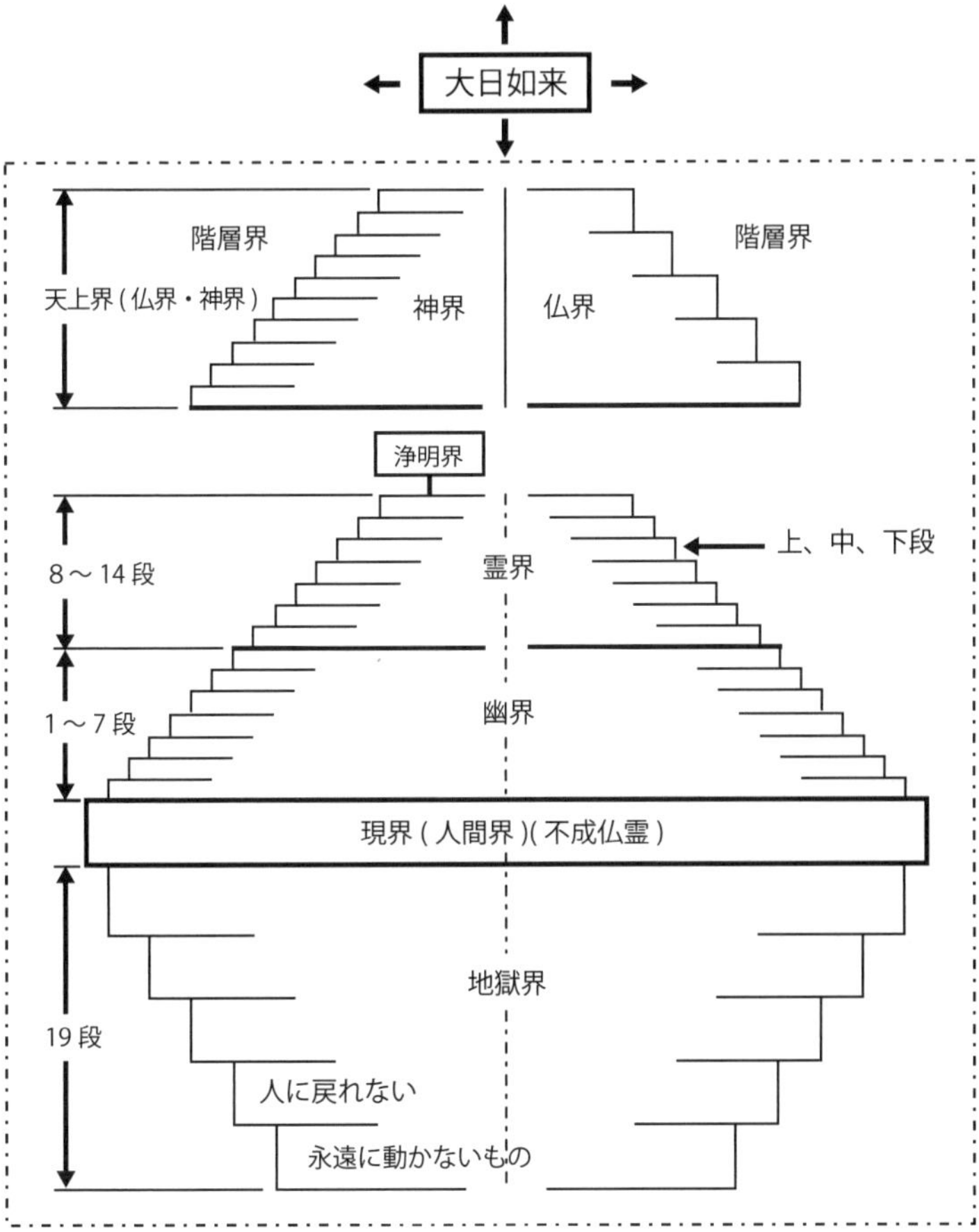

図３　私達の関連世界の概要図

補足……地獄界には150の階層があるという意見もあります。数値が低い階層ほど劣悪な環境（重度の犯罪者用）と言えます。1～100の階層は、肉体の責め苦（錯覚ですが）がある地獄で、101～150の階層は心の地獄（被害者の苦しみを味わい、悔悟の念に苦しむ地獄）と言われています。

人間の構成について

人間を構成しているものについても諸々の説があります。松井光輪先生は、肉体、幽体、霊体で構成されていると言っていますが、人間や人霊やご神仏などは「エネルギー体」ですので、その根幹となる「魂」を省くことはできません。魂は「霊体、幽体、肉体」を支配している、と言われています。すなわち、人間は一番外側に肉体を有し、その中側に幽体を有し、さらにその中側に霊体と魂を有することになります。

余談ですが、肉体と幽体の繋がりの要になる所がチャクラと言われています。精神の安定がチャクラを安定させ、チャクラの安定が肉体を安定させると言われています。病気や元気ややる気といった「気」とは幽体のことです。肉体と幽体は繋がっていますから、肉体の悪い所は気も弱っています。

ところで、人間は誰しもDNAを持っています。同じ親からもらっているのに、どうして兄弟の顔かたちや性格が違うのでしょうか。それは各自が幽体に合った遺伝子を親から選び取って、母親のお腹の中で成長していくからです。妊娠とほぼ同時期に幽体が関与してくるのです。

人間が死ぬ時には、肉体から幽体が離脱します。肉体と幽体は「霊線」という目に見えない線で繋がっています。霊線が繋がっている状態では、例え「脳死状態」であっても完全な死には至っていません。松井光輪先生は、存命中、何人かの脳死状態の人をその法力で蘇生させたことがあるそうです。霊線が切れれば、蘇生させることは不可能だそうです。

幽体は、肉体と同じ形をしていますが超微細な物質で構成されており、普通の人には見えません。霊体は、光のような存在だと言われています。

ほとんどの人間は、死ねば暫く(49日~100日程度)現世界に留まり、やがて不浄土界、すなわち、「精霊界《しょうりょう》(仏教では中有《ちゅうう》)」と呼ばれる所に向かいます。精霊界はこの世とあの世の中間のような所であり、行くべきところに行けない霊は地縛霊や浮遊霊などの悪霊となって、この世とあの世の境目をウロウロすることになります。すなわち、幽霊となり長い期間苦しむことになります。浮遊霊は、自分が死んだことがわからず、彷徨している未浄化霊で、地縛霊はこの世の物に強い執着があり、その物に縛られて動けない未浄化霊です。

普通の人は、やがて幽界に移動します。図3のように、幽界には1〜7の階段があり、各階段は上、中、下に分かれていますので、21の階層があることになります。階層が高いほど環境や境遇が良いと思って下さい。どの階層に行けるかは「生前の行い次第（魂の成長度合い）」によって決まります。すなわち、現世で人のため、世のために良いことをした人（いわゆる、徳の高い人）は、より高い階層に行くことができます。

補足……階層は魂の成長レベルに対応するためにあり、階層が違えば境遇や環境が違うことを説明しました。あの世とこの世の関係、人間とご神仏の関係など、図3に関連した疑問については主として第8章で説明します。

この世で極悪非道な行いをした人は「悪霊」が集まる地獄の19階段の方に、自らの意志によって向かいます。そこでは昔からよく言われる閻魔《えんま》様が罪の裁きをされると聞かされていますが、必ずしもそうとは決まっていません。

何故なら、この世では私達は仲の良い人間同志、つまり気の合った者同志が集まってグループを作ります。それと同じで、

「霊の世界でも、善霊は善霊のいる場所に自然と集まり、悪霊は悪霊の住みやすい地獄界に自分から選択して集まってくる」

と、松井先生は仰っていました。それが、**地獄、極楽の裁き**と考えていただければいいのです。

地獄界は暗く、何ともじめじめした、また、胸のむかつくような悪臭が漂っており、空もない世界だそうです。従って、善霊は一時でも辛抱できない所です。しかし、地獄にも細い一線の光が差し込んでいるそうです。これは、ご神仏の慈悲や愛の光だそうです。人間界の下には、動物達の5つの世界があるとのことです。

補足ⅰ……動物達のあの世のことについては、第6章参照。

ⅱ……地獄界には、重度の犯罪者から軽度の犯罪者まで（例えば自殺者や許しがたいいじめをした者など）が送られてきます。彼らは、霊格が低く、十分な反省が魂にない者たちです。何故、地獄界があるかと言えば、地獄界で苦しい日々を過ごすことにより、2度とこんな所に来たくないという強い思い起こさせると同時に2度と同じ犯罪を起こしたくないという思いを魂に刻ませるためです。すなわち、地獄で矯正・指導され、少しずつ霊格を上げていくためにあるのです。

死後の世界について

死後、どの世界に行けるかは「死に顔」を見ればわかると言われています。

①安らかな顔で、艶もあり、ピンク色に輝いているような死相は、大往生の部類に入り、

幽界でも相当ランクの高い所に行ける。
②黄蒼《おうそう》または蒼白の顔色の人は、あまり苦しみのない死相であり、幽界では比較的自由で、読書なども許される程度の、余裕のある暮らしができる。
③少し苦悶のある顔の人は、軽労働の修行をする。しかし、この世の軽労働とは異なり、例えば、「賽《さい》の河原で石積みをし、積んだそばから壊される」といったことを延々と繰り返すような労働です。これは「何か気づきなさい」ということであり、それに気づき悟るまで修行は続くそうです。
④暗黒色、青黒色などで苦悶深刻の死相の人は、重労働、または地獄界に行くことになるそうです。

さて、幽界(や霊界)に行った人は、人によって異なる諸々の修行を仏様(如来)の下で行います。そして、修行の成果が仏様に認められれば、階層を上がることができます。

〝修行をして、成果が認められて、階層を上がる〟というパターンは、私達、人間の霊も、神様も、神様や仏様の眷属《けんぞく》も、毘沙門天《びしゃもん》といった**天部**の位に属する仏尊も、不動明王といった**明王**の位に属する仏尊も、観音菩薩といった**菩薩**の位に属する仏尊も、皆同じです。眷属とは、神様や仏様のお付きのもので、例えば、狐、兎、狛犬、蛇、龍などがいます。ただし、これらは獣ではなくて、自然霊（獣）と言ってこの世に一度も姿を持ったことのない霊達です。仏様の最高位に位置するのは「如来」です。如来だけが、輪廻転生しない永遠の命を持っていると言われています。如来の代表者は、密教で言う**大日如来様**です。

補足……何のために修行をするかと言えば、修行することにより魂の成長が図れ、階層を上がれるためです。

あの世の霊（人霊）やご神仏や眷属などの階層を上げる判断をするのは誰かという疑問があると思います。多くのことに関係しているのは**大日如来様**ですが、一部には上層階級のモノが下級階級のモノの階層を上げる判断をしているようです。神様の階層を上げるのも同じで、一番上の階層にいる神様がお決めになられると思います。人間の霊の場合は、大日如来様が判断をされていると大霊能者の浅野妙恵さんは言われています。また、人間の（動物達も同じ）転生は誰が決めているのでしょうか。輪廻転生は、日本人のみならず全世界の人や動物が対象ですので、大日如来様が決めているとのことのようです。

補足……本書では、幽界と霊界を区別せずに「霊界」という言葉であらわすことがありますので、ご了解下さい。

5　「思考、活動」と「波動、次元」

私達は、死んでも、考えたり、しゃべったり、活動したり、移動したりすることができます。ご神仏も同じです。

ただし、私達、霊感力のない人にしゃべる場合には、第3章で紹介するように〝霊媒体質の人の身体を借りる〟必要があります。松井先生のような優れた霊能力者は、あの世の霊やご神仏と声なき声で対話をすることができます。

何故、人間は死んでも考えたり、しゃべったり、活動したり、移動したりすることができるかと言えば、ご神仏と同じく「霊魂」を有しており、4次元か5次元の存在だからです。人間の脳は、霊的意識の受信機に過ぎないと言われています。すなわち、人間は死んでも、生きている時とほとんど同じことができるということであり、そういう意味で、人間の死とは、単に肉体がなくなるだけのことであると言えます。〝死〟をすべてがなくなることと考えていれば、それは間違いで、人間は永遠に死なない、という言い方もできます。

また、この世は僅か80年～１００年の命ですが、あの世では数百年もいることになり、人によって期間は異なりますが、やがて再びこの世に転生します。ですから、どちらかと言えば、あの世が本来の世界であり、この世は仮の世界であるという言い方もできます。

この世の人間も、あの世の霊も、ご神仏も、存在するすべてのものは「固有の波動」を持っています。


補足……霊媒体質の人とは、霊能力を有し人霊やご神仏にその身体を貸すことができる人のことです。霊能力を持った僧侶達が人霊やご神仏を、霊媒者の身体に降ろします。すると霊媒者の意識はなくなりますので、僧侶や審神者《サニワ》がご神仏や人霊と話をします。審神者とは、お下がりになったご神仏などが本物かどうか判断できる人です。


また、この世の人間も、あの世の霊も、ご神仏なども、「異なる次元」に存在します。**図3**を「平地、地下、高い山」で考えていただければ、わかりやすいと思います。

私達は、平野部または山裾におり、3次元に住んでいます。私達すべて(人間、人霊、ご神仏)は、波動とエネルギーを持っています。人間の波動は「低い波動」です。波動が低いということは、エネルギーが小さいことを意味します。人間の霊界は14段までありますので、

14段目は山で言えば「3合目か5合目」位ではないかと思います。山を高く登るほど波動は高くなり、それに伴いエネルギーも強くなると言えます。山は、上に行くほど広範囲に見渡せます。それと同じように、上の階に行くほど、諸々のことがよりわかる(見える)ようになります。人間の霊も、ご神仏も私達をご覧になっています。それは、その霊やご神仏と関係のある方々を見ており、高い位におられるご神仏ほど広範囲に見えていますし、例えば、お大師様(空海)は、「一度自分に手を合わした人は、絶対忘れない」と仰っていますし、事実そうした方々をいつもご覧になっていらっしゃいます。

補足……霊界は4次元と言われていますが、木内鶴彦さんは「時間と意識」をプラスした5次元ではないか、と言っています。神様や仏尊はさらに多い次元であり、如来は無限次元だそうです。

14段の上からは「天上界」となっており、菩薩界と神仏界にわかれていますが、私の個人的な見解は少し異なります。私の見解は、第8章の図9に示すように神界と仏界はわかれて存在していると思います。神界も仏界も大変戒律の厳しい世界だそうです。そして、神界は、地神様《じがみ》で代表される人間界と同じ世界から、高天原《たかまがはら》と呼ばれる天界まで広がっている大変広い領域の世界であり、数年前に神様になられた昭和天皇様、菅原道真様などの神様は、まだ神界の最も低い所に位置し、天照大御神様は最も高い位置に存在していると考えられます。仏界は、神界の下層部よりだいぶ上に存在すると思います。仏界には、下から「天・その他、明王、菩薩、如来」という階層があります。大日如来様は、図3に示されるように、ご神仏の頂点に存在されています。

補足……第2章で紹介する浅野妙恵《みょうけい》さんは、何度か霊界に行かれご神仏が協議されるところをご覧になって、会議の時、仏様は神様を立てるようにすることから神様の方が仏様より位が高いような表現をされていますが、私は如来様、とりわけ大日如来様が最高位の存在だと思っています。

イスラム教、キリスト教、ヒンドゥー教などの外国の宗教も同じように、人間の霊界があり、その上に神の世界があり、さまざまな神が霊格によって低い位置の神から高い位置の神まで存在していると考えられます。

また、日本の眷属のような、例えば天使(妖精)なども、神の位置の下に存在します。神々の中では、日本の一般的な神様は、外国の一般的な神様より、より高い位置に存在していると言われています。いろいろな神様が、どんな国にもいらっしゃいます。

補足……外国にも、宇宙からの影響で地球が持っている霊的パワーがダメージを受けないよう調整している凄いお力を持った神様などもいらっしゃいます(世界に7柱)。地球の霊的パワーについては第8章で説明します。

神様も人間と同じように、(多くの場合が同じレベルの)神様どうしで対話をしたり、会議をしたり、仏様と対話をしたりしています。

また、ご神仏の世界にも、お祭りごと、縁日(誕生日)、雛祭りなど、人間の世界と同じような催し事があるそうです。また、世界のご神仏は、隔てはなく、交流があるそうです(階級の違いはありますが)。松井先生は、よく外国の神様とも対話をされると言っていました。

人間の霊界では、上の階層にいる霊は下の階層に降りて来ることはできますが、下の階層にいる霊は上の階層の霊と会うことはできません。

神様も同じようで、下級の神様は上級の神様の世界のことはご存じありません。

仏様の世界も上下の関係はありますが、神様より上下の往来はあると思います。例えば、お不動さんは、大日如来様から力をもらったりしています。

6 人間や生物などの本質

人間は「肉体」「幽体」「霊体」と、生命の根幹となるエネルギー体の塊である「魂《たましい》」を有しています。人間は、死ねば肉体がなくなり、幽界から霊界に上がれば幽体を脱ぎ捨て霊魂のみとなります。このように人間を構成している状態は「存在する世界」により変化しますが、いずれの世界においても、**見たり、聞いたり、考えたり、判断したり、行動したり**することができます。すなわち、霊魂がある限り、「生きている人間と同じようなことができる」ということになります。そういう意味では「人間は死なない」という言い方もできるのです。

最近、最先端の救急医療に携わりながら、霊や神といった科学の枠を超えた存在に付いて語り、話題になっているのが元東京大学病院救急部集中治療部長の矢作直樹さんです。2011年に『人は死なない――ある臨床医による摂理と霊性をめぐる思索』（バジリコ）という本で、肉体は滅んでも霊魂は残るという内容を出して話題になっています。科学者たちも、矢作先生のように霊的体験をすれば、同じような意見を持つ人が増えて来ると思います。

本書のテーマである「本質を知る」人こそ、本当に知恵ある人であると言えます。勉強も大事ですが、そうしたことは**枝葉の部分に過ぎない**ということを理解してほしいと思います。**本質的な事**を知り、正しい生き方をすることこそ、私達に今最も求められていることです。

私達人間も、他の動物も、植物も、魚も、その他の地球上の生物も、鉱物も、ご神仏も、眷属も、あの世の霊達も、幽霊も、あらゆるものは「魂」を持っています。その魂には、大小があり、また、低級な魂と高級な魂があります。

第2章で紹介する玉城康四郎先生は、「純粋な命は、宇宙空間に遍在している」と言っています。命はエネルギーであり、魂もまたエネルギーです。命と魂が同じかどうかわかりませんが、魂もまた宇宙空間に遍在しており、宇宙空間の魂が地球上のすべてに入り込んでいる(分霊)ということになります。

7 ご神仏の役割と働き

ご神仏は、何のために存在しているのでしょうか？

ご神仏の役割は、何なのでしょうか？

こうした疑問をお持ちになった方も大勢いらっしゃると思います。

ご神仏の、いやすべての存在の頂点にいらっしゃるのは、密教で言う「大日如来様」であるとお話しました。

大日如来様は、宇宙の普遍的な真理を体現している仏様です。語源は「偉大なる光輝くもの」で、「仏の中の仏」といわれ、数多ある仏様の頂点に立っています。大日如来様は、ご自分で「仏代表」と仰られています。大日如来様は、姿、形を持たない「宇宙にあまねく満ちている、無限の大生命力」とも言えます。

私達すべて（地球も地球上のすべてのものも、霊やご神仏も）は、大日如来様により生み出されています。すなわち、大日如来様がいなければ、私達も、ご神仏といえども存在しえません。大日如来様は宇宙そのものですが、私達人間と同じように意識を持っています。ですから、人間のことを「小宇宙」と言うのです。

ご神仏は、〝人間の世界を作り、いろいろなことで人間を助け、救う〟働きをしています。例えば、薬師如来様は「薬の開発」を行っています。一見、人間が薬を開発したように考えていますが、見えないところで仏様が開発し、人間に開発させたようにされているのです。薬師如来様が開発した薬は、優れた医療関係者の誰かにより「開発という形で」この世に紹介されています。

すなわち、大日如来様はもとより、ご神仏も私達を生かす働きをされており、ご神仏なしでは〝私達の世界もなく、生きていくことはできない〟と言うことができます。従って、私達はご神仏のことを知り、尊敬し、感謝することは、人として当たり前のことと言えるのです。

第2章

私が知った霊能力者や超能力者たち

現在は、悩み多き時代と言えると思います。そのため世間には多くの占い師や霊能者と称する人達が大勢います。しかし、占い師はあくまでも「当たるも八卦、当たらぬも八卦」であり、また、ほとんどの霊能者が〝本当に力を持った霊能者〟であるかも疑問です。テレビなどに出ている方々もしかりです。

そして、こうした〝本当の力のない占い師や霊能者〟にたくさんの方が大金を取られて、問題を解決してもらえないという被害に遭われています。悩みや問題を抱えている多くの方が、本当に信頼できる相談者を探していますが、本当に信頼できる相談者はご神仏であり、すなわち本当の**ご神仏とお話しできる方**と言えます(ご神仏に模したモノと話をしている霊能者には要注意です)。

本章では、私が存じ上げる本当の霊能者(ご神仏とお話しできる方を含む)、超能力者、悟りを得たと称する和尚さんや学者をご紹介していきます。これは大変大事なことですが、これらの方々は、**驕《おご》ったり**、**権威を振りかざしたり**、**威張ったり**、**自慢したり**するようなことがない、**何時でも穏やかな**、**飾り気のない**、**人格者**であるということです。最も優れた信頼できる霊能者や和尚さんは**ご神仏から認められている方**と言えます。

1　昭和初期までの多くの霊能力者、超能力者たち

日本の優れた霊能者を調べると、多くの方がおられたであろうことがわかります。おられたであろうと表現しているのは、古い時代の方々は、その霊能力を実際に多くの方々によって確認されたという記録に乏しく、「伝え聞くところによると」や「残っている関係資料によれば」ということに基づく判断であるからです。

昭和の時代の優れた霊能者としては、大本《おおもと》（教）の教祖の一人である出口《でぐち》王仁三郎《おにさぶろう》や三代目教祖の出口日出麿《ひでまろ》、飛騨福来心理学研究所の創設者、山本建造などが上げられます。これらの皆さんは、大変な霊能力や超能力を持っておられ、諸々の出来事を体験し、諸々の活動を行っておりますので、簡単にご紹介できるものではありません。ここでは、出口日出麿の超能力の一例をご紹介します。

昭和4年、山形県の田舎の駅に、日出麿の乗った列車を見るために大勢の大本の信者が集まっていました。列車が駅に到着するや、日出麿を見るために大勢の信者が列車の窓に押し寄せました。

その中に、赤ん坊を抱いたご婦人がおり、日出麿に、

「この児を」と言って差し出しました。

その赤ん坊には、顔から手の甲まで、イボが一面にできていました。

日出麿は、目を少し閉じ、

「フッ」と赤ん坊に息を吹きかけました。

その瞬間、イボはすべてなくなっていました。

これは、大勢の信者が目撃した事実だそうです。

補足……誤解のないように申し上げておきますが、大本の評価に関係なく単に起こった事実を紹介しています。大本教団が正しい教団か否かは、読者の皆さんで判断を願います。念のために申し上げておきますが、霊能力や法力のあるなしのみが正しい教団の十分条件ではありません。

ここで再度大事なことを申し上げておきます。

それは、私達の人生の目的は、霊能力や超能力を得ることではないということです。

優れた霊能力、超能力を持てれば、それはそれで良いのですが、ご神仏を信仰し、感謝し、また、ご先祖に感謝し、そして立派な人間になる、立派な人生を送ることが最も大事であることを決して忘れないで下さい。

本章では、昭和の時代からの霊能力者、超能力者の方々をご紹介します。

私は、玉城康四郎先生と砂澤たまゑさんにはお会いできませんでしたが、他の方々とはお会いしたりお話ししたりしています。すでに亡くなられた方々も多くいらっしゃいますが、まだ元気でご活躍されている方々もいらっしゃいます。

2 玉城康四郎先生

仏教には「教相と事相」という言葉があります。教相とは仏教の理論的なこと（学問）を学ぶことを意味し、事相とは教えの実践的な面、すなわち座禅などの修行を意味します。

仏教は、「教相と事相をやらないと理解できない」と言われています。しかるに、最近のお坊さんは事相、すなわち修行が不十分であり、そのために法力レベルの低い方々が多いようです。

玉城康四郎《たまきこうしろう》先生（1915～1999年）は、20世紀の日本の仏教界に対して特異なる貢献を果たした仏教学者であり、仏教学者として数々の業績を残しておられますが、特筆すべきことは〝教相と事相を追求し、悟りを得た人〟であることです。

補足……事相とは、威儀・行法など実際上の修法に関する方面のことを言うとされていますが、個人的には、滝行、断食行、求聞持《ぐもんじ》行などのさまざまな修行も含まれるべき、と解釈しています。

1936年4月に、東京大学文学部印度哲学梵文学科に入学し、本格的に仏教を学習し始めました。

1940年に卒業し、大学院に進んでいます。1954年に東洋大学文学部に勤務し教授となります。1959年に「天台実相観における心の捉え方の問題」で東大文学博士、同年東大文学部印度哲学科助教授、1964年に教授、1976年に定年退官、名誉教授となります。

その後、東北大学教授を経て、1979年に日本大学教授となり1986年に退任しています。1987年には、長年の功績が認められ勲三等瑞宝章を受勲されています。

玉城先生が、本格的に座禅を始めたのは、師と仰ぐ、東大のインド哲学・仏教学の先輩、奥野源太郎先生(号して慧海)に出会ってからです。奥野先生の気迫と情熱と、しかも絶対超越の世界を開示してやまぬ、その天才性とにすっかり魅了され、生涯の師として座禅に専念することを誓っています。

玉城先生は、この頃、もう一人の人生の恩師に出会っています。その方は、京都で出版を営んでおられた足利浄円先生です。親鸞聖人の系統で、寺を持たず、いわば非僧、非俗の生活をしておられました。

補足……残念なことに奥野先生は結核に罹《かか》られ、1942年8月に逝去されました。享年46歳でした。長生きされていたら、多大な功績を上げられていた方だと思います。

玉城先生は、多数の本や研究論文を書かれていますが、その著述に表現された思想の範囲は宗教思想・哲学一般にわたり、実に膨大な知識を有していた方です。玉城先生の研究の特徴と言えば「比較思想研究」と言えます。

すなわち、ブッダ、キリスト、ソクラテス、孔子などの教義を研究し、比較し、そうしたことから真理を追究したことです。

その結果として、形は違うが、同じことを説いており、さらに突き詰めてみると、人類にとっての究極の真理は一つである、と言っています。

玉城先生は、1941年頃から悟りの兆候を経験し始め、以後暫くしてから(50～60歳)悟りの境地に度々なりましたが、本当に安定して悟りの境地を得られるようになったのは83歳の時だそうです。また、悟りの境地は、浅い境地から深い境地まで段階があり、お釈迦様が得たのは最も深い境地です。玉城先生の場合は、お釈迦様ほどではないが、他に例を見ない深い境地であったと言えます。

玉城先生は多くの本を書かれています。それらの本の中には、油井真砂尼《ゆいまさごに》も著述した正法眼蔵（『正法眼藏釋歌集』）関係の『現代語訳 正法眼蔵』（全6巻、大蔵出版）もあります。難解で有名な正法眼蔵を非常にわかりやすく翻訳していると評価の高い本です。

私が一般の人にお勧めするとしたら、1999年に書かれた『仏道探究』（春秋社刊）です。この本は、玉城先生が1998年に書かれたもので、先生の死後その原稿が見つかり、本にされたものです。ただし、絶版になっているようですので、古書でしか入手できません。

玉城先生は、1999年の1月に逝去されましたが、その死に顔は「輝いていた」そうです。従って、霊界の高い所か、仏界に行かれたものと思われます。

3 織田隆弘和尚

織田隆弘《りゅうこう》先生は、1914年2月、青森県弘前市の商家に生まれました。お母さんが、大変信仰心の篤い方だったようです。

織田先生は、幼い頃から脊椎カリエスに罹《かか》り、あまり長生きできないのではないかと思われていたそうです。しかし、お母さんの影響からか、強い信仰心があり、周囲の反対を押し切って、1934年、高野山に上り入道しました。

そして、1938年、高野山大学選科を修了しています。高野山では、例えば朝3時頃から真冬でも水をかぶるような、大変厳しい修行をしたそうです。

高野山を下山し、1939年には、京都の大覚寺の事相研究生となっています。そして、1940年には、虚空蔵求聞持法《こくうぞうぐもんじほう》を成満しています。

虚空蔵求聞持法とは、虚空蔵菩薩様のご真言《しんごん》、

「ナウ　ボゥ　アキャシャ　ギャラバヤ　オン　アリキャ　マリボリ　ソワカ」を50日または100日で100万回唱えるという過酷な行で、成満すれば記憶力が大変良くなる、と言われています。

太平洋戦争が始まった1941年には、東京四谷の金鶏山真成院《しんじょう》の住職に任ぜられています。1943年には結婚されていますが、相変わらず朝3時頃には起き、水行し、仏様達のご供物を用意し、5時頃から9時頃まで拝んでいたそうです。織田先生の脊椎カリエスは良くなっておらず、本当に健康になられたのは1969年頃だと言われています。

織田先生は、真成院に就任した頃から、病気の方々を治していたそうです。ただし、この時の治療は「お加持《かじ》」ではなくて、お不動様に「患者の病気が治るように」と念じることで治していたようです。

真成院も東京大空襲で完全に消失しました。織田先生は、「この時に世間虚仮《せけんこけ》ということが何の疑いもなく、さあっとわかり、目が開けた（悟りを得た）」と仰っています。

真成院は、1972年に大変立派な形で復興され、同時に四谷霊廟《れいびょう》も作られています。1974年には、高野山学修灌頂入壇《かんじょうにゅうだん》（大阿闍梨）を受けておられます。

補足……織田先生や松井先生も「悟りを得た」と言われていますが、玉城先生の悟りと全く異なっています。玉城先生の悟りはお釈迦様と同じく純粋な命（仏＝ダンマ）を感得することを始めとしています。織田先生と松井先生は、お釈迦様が言われている「空《くう》の境地に達した」ということなのでしょうか。

なお、純粋な命は、宇宙に充満しています。


1975年には、信者からの要望もあり、信者の会「密門会」を創立しています。この会は、2017年現在でも続いています。毎月、立派な会報『多聞』が送られてきます。私も、20年以上密門会に入っておりましたが、今は関西に移った事情などで脱会し疎遠になっています。真成院は大変良いお寺です。また、密教を学びたい在家者にとっては、密門会も大変良い組織と言えます。

織田先生は、現世で困っている人を救うことを誓願としたお方であり、お加持で多くの難病の人を救われ（治療され）ました。お加持の名手と言われた方です。

私は、幸いなことに何度か織田先生とお会いでき、またお加持もお願いしたことがあります。軽い病気の人なら、織田先生の近くに行くだけで病気が良くなるほどの方でした。

織田先生は、癌なども含めて、

「治せない病気はない」

「何時でも科学的な方法で、お加持の効験を確認してもらっても良い」

と仰られていました。多くの方々が、先生により救われました。

もちろん、織田先生のお加持は、弘法大師の行っていた方法を踏襲したものです。現世で困っている人を救うことを誓願とするためには、十分な法力が必要であり、そうした和尚さんは大変少ないのが現状です。そうしたことも、仏教の衰退の一因だと思います。

織田先生は、1984年に青森市に、大変立派なお寺、青龍寺を創建し、また日本最大の青銅座像仏である昭和大仏を造立されました。同寺に、1992年には「金堂」も創建されています。また、木造五重塔としては東寺、興福寺、善通寺に次いで日本第4位の高さの五重塔も1996年に創建されています。

織田先生は、念願の五重塔の完成を見ることなく、1993年12月に、遷化《せんげ》されています。

織田先生は、高野山時代に大変優れた先生方(大徳)に教えてもらっています。その先生の一人から、

「密教は、とにかく拝まなければわからない」

と教えられたそうで、とにかく良く拝んだようです。電車で移動している時も、本を読んでいるか、拝んでいるかだった、というエピソードもあります。

織田先生は、密教僧で初めて「絶対他力易行道《ぜったいたりきいぎょうどう》」(第7章参照)ということを説かれました。これは、私達には如来の広大無辺の自然法爾《じねんほうに》から生まれる救済力が働いており、それ

（如来の大悲《だいひ》）を信ずることにより病者を容易に救済できる、ということだそうです。それまでは、お加持を施す僧侶は、「私が病者を治す」という考えをしていたようです。

私は、織田先生にお会いするまで、仏教のことは全く何もわかりませんでしたが、織田先生から仏教の基本的なことを諸々学びました。

真成院はご子息が後をついで、織田先生の意思を継ぎ、立派な活動をされています。また、お加持もされています。

補足……ご興味のある方は、真成院（東京都新宿区若葉2丁目7－8、☎03－3351－7281）にお問い合わせ下さい。なお、お加持をしていただけるのは信者の方のみに限られます。

4 霊能者 砂澤たまゑ

砂澤《すなさわ》たまゑさん（1922〜2009年）は、稀有な霊能者・人格者です。命がけの荒行もし、稲荷神社（伏見）に仕えた本物の霊能者です。

1922年1月に兵庫県の養父《やぶ》郡大蔵村（現朝来郡和田山町）で生まれました。お父さんは、お寺の鐘を造る鋳物師で、お母さんは鳥取にあった稲荷教の教会の娘でした。

ここでは、砂澤さんの『霊能一代』（新元社）よりご紹介します。補足は筆者によるものです。

＊　＊　＊

砂澤さんには、生涯、稲荷神社の神様がついていました。

その神様は、次のように言っていたそうです。

「戦争で死んだ人たちの魂が、十分に供養されておらず、成仏できずにいる。成仏できない限りは生まれ変わる事が出来ないので、なんとか再び人間に生まれ変わろうとして霊たちが大暴れしている。それ故に、これから多くの死者が出るような事件が多発する可能性がある」

補足……第二次世界大戦の死者の供養は、本当に大変な問題だと思います。霊能力者という表現は大変抽象的だと思います。砂澤さんは、予知能力、透視・透聴、霊視、治癒力、霊媒、神との交流などができた方です。

砂澤さんは、大変熱心に伏見稲荷を信仰した方です。お父さんも、お稲荷さんを信仰していたそうで、7歳の時に初めて伏見稲荷にお父さんにつれて行ってもらったことを覚えているそうです。お父さんは厳格な人でしたが、人には親切で、よく人助けをしていたそうです。そのせいか、砂澤さんも、小さい頃から人助けが無性に好きで、それは生涯変わらなかったとのことです。お母さんも信仰心のあつい人だったそうで、神様についてたくさんのことを教えてくれたそうです。

砂澤さんの運命が変わり始めたのは、17歳頃からだと言っています。

身の回りで、以前にも増して不思議な事が次々と起こり始めました。思った事が本当に起こり、言った事がすべて当たりました。自分でも恐ろしいようなことがよく起こるようになりました。また、神様の御神示《ごしじ》される言葉が聞こえてくるようになりました。

そして、神様は「**すべてを捨てて神の道に入れ**」と言うようになったそうです。砂澤さんは「若い身空でそんな決心などつく筈はありませんでした」と言っています。

補足……神の道に入るということが、具体的にどういうことをするのか、わかりません。

砂澤さんは、青春期に、お父さんの死、婚約者の出征、日本の戦争突入、悪くなる一方の世相、お稲荷さんの干渉などのせいで、ノイローゼ状態になり、自殺を図ったことも三度あるそうです。そのたびに、すんでのところで発見され、助けられたそうです。

また、口寄せをしている人の所に、ある事を見てもらいに行った時に、どうなったのかわかりませんが昏倒して意識がなくなったことがあるそうです。その時、不思議な光景に出合ったそうです。

私は美しい川のほとりに佇んでいました。向こう岸に渡ろうとして対岸を見ると、世界は光り輝いていました。対岸には美しい花が咲き乱れ、観音様と不動明王様、それにお大師様がたっておられました。その傍らに、亡くなった父がいました。父は〝ここは、まだ、お前の来るところでない。帰りなさい〟と言いました。私が意識を取り戻したのは、その後のことでした。

昭和18年頃、お稲荷さんは、次のように言ったそうです。

「代《だい》よ（霊媒者＝砂澤さんのこと）、満州に行こう。日本にいても悪くなるだけだし、神様は皆おられなくて、日本は空っぽだ。神風はもう吹かんよ。日本は、昭和20年の8月15日に戦争に負けるから、25日に帰ってこよう」

砂澤さんは、満州に行くという理由を聞いたところ、「その理由は、今は言えない」と言われたそうです。そうして、満州に渡ったそうです。そして、神様の言われた通りの日に敗戦となり、命からがら奇跡的に25日に日本に帰ってきたそうです。

補足……戦争のとき、神様は皆いなくなっていたことを初めて知りました。また、神様は日本の終戦日まで知っており、何事もすべてご存じであることがわかります。

日本に帰ってきていろいろ商売をしましたが、どれもうまくいかず、神様に相談したところ、神様は、

「すべて止めてしまえ、お前に必要な衣食住と一生食えるくらいの小遣いも用意してやる。いまからお前に本当の力を授けるのだ。修行だ、修行だ」

と言われたそうです。

それから、毎日が激しい行の連続であったそうです。そして、一挙手一投足まで御神示が出、すべてを教えてくれたそうです。行という行はすべてのことを一通りやったと言っています。寒中の水行、穀絶ち、塩絶ち、茶絶ち、水絶ち、断食などの行です。伏見稲荷のお山で、百日間の断食もしたそうです。

補足……神様は、何でも叶える力を持っていることがわかります。凄まじい行をされています。

伏見稲荷大社は、全国にある稲荷神社の総本山であり、修験の山でもあり、弘法大師も行を行っています。

伏見稲荷大社の本殿の後ろにある低い山を「稲荷山」と言います。稲荷山は、多くの神様が集まっている霊山です。稲荷山全体のいたるところに、石でできた祭壇のようなものがたくさん置かれています。これを「お塚」と言います。お塚は、信者が自宅でお祀りしている神様を伏見稲荷でもお祀りするために建てられているものです。

補足……お塚の数は年々増え、今はお山全体に1万以上あるそうです。

神様は、魂ですので姿形はありませんので、普通の人にはわかりませんが、砂澤さんは修行を積んだ結果、神様が見えるようになったそうです。

伏見の大神様は、立派な白狐で、体を霊気が包んでいて、神々しくて近寄れなかったそうです。また、1955年代にお山で百日の断食をした時には、体内が清められ、頭が冴え渡り、五感が鋭くなり、自然の中のすべてのものが生きているのが感じられるようになったそうです。本当に、草や木が語りかけてくるようになり、鳥や動物の心がわかるようになるそうです。「自然が神様ですから、自然の中の神様が感じられるようになる」と言われています。断食が進み八十日位になると、食べていないので山を登ることができなくなってくるそうです。ついに、力が尽きた時には、神様が迎えに来てくれて、白い馬に乗せてつれて行ってくれたそうです。

補足……私達も、死ねば肉体がなくなり、霊魂となります。ご神仏も同じです。霊魂は光であり、姿形はありませんが、想念で姿や衣服を着用した姿で、ご神仏が見える方達にお姿を示されます。自然は神なのですね。また、草木や動物も心を持っているということです。

砂澤さんは、伏見稲荷から声をかけられ、講習を受けて教師の資格を取り、やがて福知山に伏見稲荷神社の三丹支部を創立します。鳥取にも祖母のやっていた教会がありましたので、両方の面倒をみることになります。

鳥取に居た頃、癌になったそうです。医者は手術をしろと言ったそうですが、神様は、「**アロエを飲め**」（同書）と言ったそうです。それでコップに三分一入れ、毎日飲み、6カ月ほどで治ったそうです。

砂澤さんのその頃の生活の一端を書けば、午前3時ごろ起き、神様をお祀りし、8時ごろから社務所に来られた皆さんの相談（進学、病気、就職、縁談、商売、家の中のさまざまな問題、出産、不動産の売買、仕事の悩み、転職など）を受け、ご祈祷し、神様の御神示を伝えたりして、昼ごろまで座りづめで水も飲まずに対応に追われます。午後は、地鎮祭などさまざまな神事に呼ばれて出かけ、自転車で市内を走り回っていました。夕方からも信者さんがさまざまな用事で来られたり、電話が掛かってきたりで、毎日毎日神様中心の生活だったそうです。睡眠時間は2~3時間。信者は、最盛期には800人を超えていたそうです。

補足……砂澤さんは、信者からの相談に相談料などとっていません。奉仕です。そんな気高い心を持った方が、今どれだけいるでしょうか。

砂澤さんは、高野山でも滝行をしたことがあるそうです。弘法大師がまだ生きておられることがわかったと言っています。また、豊川稲荷、四国八十八ヶ所、橿原神宮などにも、忙しい合間をぬって参拝に行っています。真言宗のお寺は、どこに行ってもお稲荷さんをお祀りしていたとのことです。

これは伏見稲荷と東寺の関係と同じであり、霊の世界はつながっているのだということが良くわかりました。(同書)

補足……これは、仏界と神界は繋がっている、ということだと思います。お大師様は、本当に生きておられるのですね。

砂澤さんには、時々神様が降りて来られたそうです。

霊媒者は、ご神仏が降りて来られると、ご神仏が何を言ったか、何をしたか、全く覚えていません。砂澤さんはお酒は一滴も飲めませんが、ある時神様が降りてきて、お酒を五升も飲んで、けろっとしていたそうです。また、おまんじゅうを食べたり、卵を多量に食べたりしたこともあるそうです。神様は、いたずらが好きで、お酒の栓を開けてもいないのに、半分飲んでいたこともあったそうです。

補足……よく、ご神仏はにおいを食べると言います。だから、神棚に供えるお酒も栓(封)を開けてお供えするようにと言われています。私は、この話をお聞きして、封を切らずにそのままでお供えしています。神様は、供物を本当に召し上がられることがわかりました。

砂澤さんは、よく伏見稲荷にお参りし、必ずお山に行き、お塚にも参拝したそうですが、そこでもおかしなことがたくさん起こったそうです。

例えば、お塚を建てた信者のご先祖が出てきたり、タバコの好きだった霊が出てきてせき込んだり、酒飲みの霊が出てきて酔っぱらって他の霊とケンカしたり、というように。

また、滝に打たれている時に、ある人が行方不明になったので探してほしい、との依頼があり、その人の名前と生年月日を紙に書いてお塚に供えしてお願いし、滝行を終えてそのお塚に行ったら紙片がなくなっていました。神様が、探しに行ってくれたのです。そして居場所がわかりました。

また、ある時稲荷山に行ったら、お金・お餅・お菓子が天からパラパラ降ってきたそうです。また、稲荷山で、歩く行をしていた時は、最初は獣はおびえて近寄ってきませんが、そのうち行者を守りながら一緒に行をするようになったりしたそうです。行者が神の世界に入ればそうなるそうです。

補足……タバコの話、酒を飲み酔っぱらう話、ケンカをする話は大変興味のある話です。これは、**死者も死後暫くの期間は、生きている時と同じ性格を持ち、行動をすること**を意味します。これらのこの世をさまよう霊は「不成仏霊」です。成仏した死者（霊）は、仏の下で修行をしています。

お灯明のことでも不思議なことがあったそうです。

巳年の巳の日に参集殿に泊っていた時に、神様が「代よ、早く上がってこい」と言われました。さっそくお塚まで行くと、ローソクが燃え尽きているのに、芯が蛇の形をして残っていました。ウロコまであり、腹は白く背は黒いので驚きました。頭もそっくりそのまま細部に至るまで残っており、目も口もありました。お灯明は命を映す火でもあり、人間の寿命もそこに現れてくるのです。私はお灯明を見ながら何人もの寿命を感知してきました。お灯明の火は（炎の）上がり方だけでなく、燃えた後のロウの残り方にも、（灯明を）上げた人の性格が出ます。ロウはいろいろな形で残ります。変な残り方をする人は、偏ったおかしなところのある人です。

補足……ローソクは、きれいに燃え尽きる状態が好ましいとされていますが、時折ロウが流れて龍の形となることもあります。参集殿とは、参拝者のための休憩所・宿泊所です。

三丹支部は1992年に特級支部となり、砂澤さんは1994年に一級教師となり、仁《じん》階《かい》も授与され、支部も砂澤さんも最高位を極めました。

補足……仁階とは、伏見稲荷大社の講務本庁から全国に120程ある支部の支部長に与えられる五階級中の最高位です。全国で数人いるとのことです。

神様は砂澤さんを信頼して、いろいろ人に言えないことも教えてくれたそうです。例えば、阪神淡路大震災は3日前に教えてもらっていたそうです。また、修行により諸々の事がわかったそうです。例えば、人の寿命は天命により決まっていますが、人の寿命もわかったそうです。神様は、砂澤さんが死ねば、「**天上界までくわえてつれて行ってやる**」（同書）と言っていたようです。

補足……砂澤さんが、天上界（第1章参照）に逝かれたことがわかります。

砂澤さんは、集まってきたお金を決して自分のために使わなかったそうです、すべて、信者に還元したり、神様にお供えしたりしたそうです。伏見稲荷に参拝に行くときは、まとまったお金やお供え物を持って一晩中お山（稲荷山）で参拝し、明朝、京都駅から帰るのですが、すべてお山に撒いてくるので駅に着いた時は汽車賃だけで、和田山に帰った時は無一文だったそうです。

補足……お金の使い方も、本当にきれいな方です。本当に立派な方だと思います。ですから、天上界に逝かれるのです。

＊　＊　＊

砂澤さんに関しましては、まだまだたくさんご紹介したいことがありますが、興味のある方は『霊能一代』をご覧下さい。

5　中村公隆和尚

中村公隆《こうりゅう》和尚は、1927年に広島県芦品郡新市町にあった宿王院《しゅくおう》という由緒あるお寺に生まれています。大変な法力を有する密教僧で「現在のお大師様」という人もいるくらいです。

1945年、終戦を呉の海軍工廠《こうしょう》で迎えました。海軍工廠にいたときでさえ、戦いに出かける兵隊さんで死ぬか生きて帰ってくるかが、なんとなくわかったそうです。

1948年に四度加行《しどけぎょう》を始めました。1951年に、高野山大学密教学科を卒業し、高野山大学の研究生となり、寮監を兼任、翌年学生課長となります。

中村和尚は、織田隆弘先生より13歳年下ですが、当時の高野山大学には織田先生の頃と同じ素晴らしい先生がおられました。例えば、金山穆韶《かなやまぼくしょう》高僧、栂尾祥雲《とがのおしょううん》高僧など。また、上級生には羽毛田義人《はけたよしと》先生などの凄い方がおられたそうです。

この頃から、中村和尚さんは注目されていたようで、気合で鳥を落とすくらいのことができていたとのことです。また、癌の人や目の見えない人を治したりしていたそうです。

補足……四度加行とは、密教における初歩的段階の4種の修行。すなわち、伝法灌頂に対する準備的修行であって、十八道、金剛界、胎蔵界、護摩の4法が伝授されます。ただし、流派によって種々異なったところがあるそうです。羽毛田義人先生は織田先生とは兄弟弟子で、コロンビア大学で教鞭をとられた、著名な方です。

中村和尚の四度加行は三宝院流で、最初は懺悔の行だそうです。最初は格好ばかりですが、視点が少しずつ仏様に近づくと、涙がボロボロと出るようになるそうです。その頃すでに、小鳥におはようと声をかけると、チュチュチュチュと飛んできたりしたそうです。

知らぬ間に、自分の心と周囲のすべてとの心が通いあう。何か、少しずつ広い世界を生き、深い生命の世界を感じて、体全体がやさしくなっていくのです。心仏衆生《しんぶつしゅじょう》、是《ぜ》三無差別《さんむさべつ》、等という言葉が普通の事として体感されてくるのです。（中村公隆『密教を生きる』春秋社）

補足……織田先生も、懺悔の行の大切さを言っています。「心仏衆生、是三無差別」

とは、仏のように衆生もそうである。心と仏と衆生との三者には区別ないという意味です。

それが済むと、今度は如意輪法、金剛界、胎蔵界、不動法、護摩、というふうに進みます。懺悔の行で、一番の仏性というか、そういうものの繋がる段階までいった後で、人間の持っている無限大の可能性をパーッと自覚できるようなことをするのです。密教の仕組みは凄いと思います。（同書）

と言われています。

高野山時代は、あまり勉強は熱心ではなかったそうです。しかし、毎日、朝3時半位に起きて、4時半頃から拝みますから、4時頃水をかぶったそうです。自分の今の年の今日という日は、一生に一辺しかないと思って、一生に一辺水をかぶるぐらいできなくてどうする、と自分を励ましてかぶった、そうです。そうすると、一日気持ちよく拝めるそうです。水行は、50年以上続いているとのことです。中村和尚は、織田先生同様に、本当によく拝んだそうです。

1954年、病になり辞表を出して、下山し国に帰ります。家で寝ていてもだんだん衰弱して、お医者さんの診たても今日だ明日だ、という状態になりました。どうせ死ぬのなら拝んでやれ、と思って本気で拝み始めたそうです。また、両親をくどき落として、再三断食もやったそうです。ところが、いつまで経っても生きており、これは助かると確信を持ったそうです。

それで、四国に遍路に出かけたそうです。その間、学長が3回も来られ、学校へ帰ってほしいと懇願されたとのことです。四国から始めた旅は、長野あたりから以西はずっと3年間かけて歩いたそうです。

中村和尚の修行の中で、有名な「ハンバーグ事件」というのがあります。

あれは、宮川村、昔は何と言ったか別の名前でした。山の上に大師堂があって、その山の八合目あたりに小さな滝がある。そこで断食して滝に入りました。ずいぶん気温が下がっていた夜、うっかりやり過ぎたのです。良い気持ちになって、長時間拝んでいた。つねっても全く痛さがないし、脈がトントンといってしばらくない。もうこれは限界だ、いっぺん休憩してこようと思って上がってきて、体を拭いてパンツをはいて、毛布の中へもぐりこみました。翌朝、血でくっついてしまったパンツが脱げなくなっていたんです。そっと血でくっついてしまっている所に手を当ててみると、掌が入るくらい凹んでいました。それで座っていた所へ行ってみたら、直径にして、五、六センチ、岩の上にピューッと筋が入って凍ったハンバーグのようなものがあるんです。腰の肉の一部が凍ってちょん切れたのですね。それが、ハンバーグ事件です。(同書)

補足……凄まじい集中力、行ですね。

断食行について、次のように語っています。

一日、二日が地獄なんです。体が熱かったり寒かったり、思いもかけないところが痛かったり、イライラして精神的に不安定になる。三日、四日頃が一番餓鬼みたいで、お腹が空いてたまらない時期があります。その次は畜生です。五日、六日ごろ、なんだかわからないけど性欲が旺盛になります。一週間くらいすると、地獄、餓鬼、畜生を経て、今度は修羅です。これは四日目ぐらいから出てきて重なります。腹が立ってしようがない。不思議に腹が立つ状態で、夜も一番眠りにくいときです。すぐ喧嘩になりそうになる、すぐ理屈でやり返したくなる、まさしく修羅です。それが過ぎて、一週間もたつ頃に、人間的な落ち着きが戻ってきます。初めは、水が生臭いのですが、だいたい十五、六日位たつと水の味がだいぶ戻りだし、もうしばらくすると水がおいしくなります。ようやく人間の状態に戻ります。そうしたら今度は天人でしょう。天人というのは、体が軽くて、長生きで、だけど衰亡があるわけです。丁度〝十住心論〟の第三住心にあたります。第三住心から、ようやく通力が効き出します。(同書)

補足……弘法大師は、心の状態を十段階に分けられました。第三住心は宗教心ともいいます。

ある時、護摩を修してお祈りをしていたそうです。

その時に蚊の大群に悩まされて、蚊取り線香か何か焚かせてもらっていいかと師僧である父親に申し出たら、滅多に怒ったことがないのにひどく叱られたんです。いったい何をそんなに腹を立てて怒るのかと思ったんですが、そうなんだろうと思い直して本気でやり直したある日、一座の行が終わって壇から下りてお辞儀をしたらパーッと周囲が一メートルくらい輪になって黒いんです。手で集めたら山のように蚊が取れました。(同書)

補足……バリア(結界)ができて、それで蚊がそこでどんどん落ちたのです。

八幡様というのは、神様が出家されて仏教徒を守り、自ら先頭に立って仏道修行をしますよと、仏教徒が守るべき八つの正しい道〝八正道〟の幡を掲げて歩まれたので、八幡様といいます。

その証拠と言っていいのか、2008年に、八幡神社の近くの古墳から不思議なものが見つかりました。三角縁神獣鏡の中に、仏様を鋳込んだ鏡が出てきたのです。三角縁神獣鏡に仏様が刻まれているというのは大変に珍しく、日本中でもおそらく最初の発見ではないかと考えられます。

お父さんが亡くなられてすぐの時に、いったいどんな所へ行って、どんなことをしているのかと思って、透視をしてみたことがあるそうです。

お不動様の童子に、矜羯羅童子《こんがらどうじ》、制多迦童子《せいたかどうじ》がいらっしゃいますが、その童子の一人は荷物を担いで付いており、一人は傘を差しかけて雪の降る川の縁の堤防を歩いていました。その衣装たるや、凄いのを着ている。お経に出て来るように、お不動さんが迎えに来られて、一生懸命に拝んでいた者を案内して下さるとか、阿弥陀様が迎えに来て下さるというのは本当なので、父親の場合はそれを見ました。こちらは悲しくなるどころではなかった。ああ、よかったと思ったそうです。

補足……人によっては、このように直ぐに仏界に行けるのですね。

弘法大師が、王城の地の災害をなくす為に結界を拝まれたという記録があります。京都が、第二次世界大戦で爆撃されなかったのもそのせいだと思っています。大文字山に登った時に、凄い気迫のようなものを感じて、ひょいとその方向を見たんです。そうしたら胸のあたりから腰のあたりしか見えない毘沙門《びしゃもん》天様と思われる仏様が立っていました。霊的にすごいエネルギーがある。お大師様が拝まれたら四天王が守護していて当たり前なんです。四天王は釈尊の委嘱を受けて、特に仏法と国家を護る事を誓っておられるのですが、東が持国天《じこくてん》様、南が増長天《ぞうちょうてん》様、西が広目天《こうもくてん》様、北が多聞天《たもんてん》様、すなわち毘沙門さんですね。京都だけでなく、私は奈良でも見ました。だからお大師様のなさったことは、いまだにそういう点でも生きている。これはすごいことだと思いましたね。(同書)

3年間、西日本を歩いて回る遍路の旅が終わった後、「学校に戻ってこい」と言われます。その頃戦争に負けてしまって、どうやったら国を立て直すことができるか、という話が一部の方々の中でされていたそうです。戦争に負けたのは、明治の廃仏毀釈が原因ではないかという意見が大勢だったとのことです。

それで、日本を明治まで支えてきたような本当にすごい寺で、廃寺になっているような寺を、皆でお詫びがてら復興しようではないかとなったそうです。その中に独鈷《とっこ》山鏑射寺《かぶらいじ》も候補としてあり、中村和尚さんが候補となったそうです。日本の復興を願っている方の中に久邇宮《くにのみや》様もおられたそうです。中村和尚さんは、久邇宮様にお会いして、鏑射寺の復興を決意します。

補足……廃仏毀釈とは、明治維新後に、仏教寺院・仏像・経巻を破毀し、出家者や寺院が受けていた特権を廃した動きと神仏分離を進めた動きのことを言います。久邇宮家は、旧宮家の1つです。

鏑射寺は、聖徳太子様ゆかりの寺です。寺の向こうに、聖徳太子様のご生母の里があったという伝説があります。また、寺から聖徳太子様が矢を放たれたら、姫路の太子町へ飛んだという伝説もあります。

中村公隆和尚は、1959年9月に鏑射寺へ入山します。

お寺は、小高い山の上にあります。当時は荒廃した古寺で、周囲は全くのジャングルで、寺に上る道も獣道のようになっていたそうです。仏様をお祀りするスペースも入れて、六畳ぐらいのお堂が一つ残っていましたが、床は抜け、屋根も瓦が5、6枚残っているだけでした。

しかし、中村和尚は奥さんが来られた時に、3メートル先も見えないほどの荒れ藪をさして、「ここに7メートルほどの道がついている」(同書)、そして境内地と思しき場所のススキの群落の方を眺めて、「ほら、ここにお堂がある、そこに家がある」(同書)と言ったそうです。現状は、その時に仰られた通りの形になっているとのことです。

補足……中村和尚には、すでに未来のことが見えていたんですね。

中村和尚は、1日を四等分して、6時間拝み、6時間勉強して、6時間来客の相手をして、6時間寝る、という生活を長い間されてきました。最近は、朝4時間、晩4時間のお参りが普通になって、勉強の時間が減っていると言われています。

中村和尚は、お加持もされ、多くの難病者を救っておられます。毎月22日に外護摩を焚かれます。当日は、遠くは東京あたりからも参拝者が来られ、護摩堂に入りきれない人も大勢います。外護摩の行は、普通は2時間半ぐらいかかるそうですが、参拝者の緊張が続かないと考え、1時間位の行にされています。

私も一度だけ参拝させていただいたことがあります。中村和尚は、参拝者に昼食を出してくれたり、皆を見送ってくれたり、本当に気取らない、やさしいお方でした。中村和尚は、織田先生と同じ手法のお加持を行います。

中村和尚は、多くの本を出されています。中でも『密教を生きる』がおすすめですが、中古本しか入手できないと思います。

補足……鏑射寺（兵庫県神戸市北区道場町生野1078－1、☎078－986－4095）は、車でないと行かれない所です。高野山伝燈大《でんとうだい》阿闍梨《あじゃり》で、膨大な知識と飛び抜けた法力、多くの人の救済実績を有する中村和尚さんですが、「自分はあまりにも何もわかっていない。何もできていない」と謙遜されています。余程の事情がない限り、通常、鏑射寺でお加持は引き受けていないようで、一般の人が中村和尚さんにお会いすることも難しいと思います。

6　松井光輪和尚

松井光輪《こうりん》先生は、1929年、富山県生まれです。

叔母さんが日蓮宗のお寺をやっていて、お寺が好きで毎日行っていたそうです。お寺のお坊さんの中には神様や仏様とお話ができる方もおられたようで、子供ながらに何らかの刺激を受けたのではないかと思います。5歳の時に、勉強（お経の）をしたいな、と思ったそうです。しかし、お経は誰にも教わらずに、勝手にスラスラ読めたそうです。

また、5歳の時から誰にも教わることなく、ピアノを勝手に弾いていたそうです。楽譜も習っていないのに読めたそうです。

何故、教えてもらいもしないのにお経が読めたり、ピアノが弾けたりできたのか、これには訳があります。松井光輪先生は、何人かで先生の過去世を調べたそうです。その結果、前世は前田藩の筆頭家老で横笛の名手であり、前々世は飛鳥時代の山伏だったことが名前も含め判明したそうです。

人間の生涯はすべて「第八識である阿頼耶識《あらやしき》」という最も深い潜在意識に記憶されると言われています。特に、芸術的なこと、職人の技能、霊的な能力などといったようなことは、生まれ変わってもその人生で現れてくるそうです。

松井光輪先生の場合は、その典型例です。少年時代に催眠法や念力に関心を持ち、専門教育を受けたそうです。そして13歳の時には、念力で怪我の出血や鼻血をたちどころに止血するなど、異能ぶりを発揮していたようです。

松井光輪 和尚

音楽の勉強をしながら、仏道の修行も小さい頃から始めています。また、科学的な勉強もしたりしています。修行は、日蓮宗から始め、浄土真宗に変わり、そして御岳派の神道を三十数年やり、そして最後に真言宗に至っています。

青春期には京都の鞍馬山で修業中に霊的体験を得、「神」と「仏」の探求と超心理学の研究にも没頭しています。

その後突如、弘法大師の霊示を受け、また、ある深夜、美しい笛の音が聞こえ、春日命《かすがのみこと》がご降臨され、

「この地に留まり弘法大師の教えを世に広めなさい。私も協力しよう」

との霊示を受け、密教を志して真言宗の仏門に入りました。修行のかたわら、17歳位からプロの音楽家として、ピアノのレッスンや演奏も行っていました。

こうして松井光輪先生は、真言宗の僧侶となり、弘法大師のお弟子さんとなりました。お大師様の教えを如何《いか》に守っていくか考え、深い祈念を続けた末、弘法大師のお許しを得て、世の中で心身の病に悩む人々を救う道へ入ることを決心します。すなわち、お大師様が最も得意にされていた「お加持《かじ》」で難病者を救うという決心をされたわけです。

現在の人は「お加持」という言葉さえほとんどの方が知りませんし、ましてや、お加持で難病さえ治せるなどということは、今では信じがたいこととなっています。

それから日本におけるお加持の修練だけでなく、フィリピンへも渡って、種々の心霊療法の実験も見聞して来ています。そこでは、ほとんどの術者はマジックまがいのニセものでしたが、十分な修練に基づく念波の集中によって、治療を施す能力を持つ人が確かに何人かいたそうです。

松井先生によれば、

「僅かであっても本物の人は確かにいる、信仰がパワーを発して効験のあらたかな霊能者がこの国にも現実にいる、ということを改めて信じることができたのは、大きな励みであった」

とのことです。また、

「その研修の途次において、神と仏の差はない、究極のところは同一なのであるという信念を強くした」

と話してくださいました。

私は一度だけ、松井光輪先生の心霊療法を見せていただいたことがあります。

２０１５年の前半頃だったと思いますが、若い乳癌の女性が来ていました。本来なら、個人情報に関わることですので、私達夫婦は部屋の外に出るべきですが、何気なく部屋に座っていました。

先生は、女性の胸のあたりに手をかざし、後述する「手感法」で女性の癌の状態を確認されました。そして、どれだけの大きさの癌で、どのような状態なのかを明確に伝えられました。先生の説明が病院での検査の結果と同じであったようで、その女性は「その通りです」といった感じで頷いていました。

その後、先生は女性の身体から癌をつまみ出すような動作を数分間行いました。そして、

「癌を小さくしたので、医者に行き、手術をしてもらいなさい。手術は間違いなく成功しますので、心配しないで下さい」

と告げました。その女性は、先生の言葉を信じ、お礼を言って嬉しそうに帰っていきました。松井光輪先生の法力の凄さを改めて実感した出来事でした。

松井光輪先生は、1973年7月に超法輪《ちょうほうりん》というお寺を創建しました。お寺は、それから二度場所を変え、高槻市柱本新町となっています。超法輪は「神仏習合」の理想を掲げているお寺であり、どんな宗旨宗派の人でも、無宗教の人でも受け入れてくれるお寺です。

超法輪には檀家はいません。従って、葬式ごとなどはしていません。

お加持、相談、先祖供養、年供養、年忌供養、開眼供養、入魂（ご本尊、脇侍《わきじ》）、過去帳書き（念ぬき、念入れ）、位牌《いはい》（念ぬき、念入れ）、祈願（良縁、安産、手術、合格、厄除け、他）、祈祷（車、お薬、念珠、名刺、タオル）、お祓い（仏壇、神棚）、お守り、除霊・浄霊、お彼岸の法要、大護摩法要などを行っています。

私が超法輪を知ったのは2012年7月でした。以来、いろいろとお世話になっています。そのうちの一例をご紹介します。

超法輪では、大国主命《おおくにぬしのみこと》様もお祀りされていて、毎月「良縁祈願」を行っています。良縁祈願は、結婚だけでなく、就職なども該当します。

私の場合は、姪の良縁祈願をお願いしました。ご存じの通り大国主命様は、縁結びの神様です。良縁祈願は、3回行って終わりです。2013年1月、2月、3月と行いました。お弟子さんが祈願してくれましたが、お弟子さんも霊能力を有していますので、祈願の日に大国主命様が超法輪に来て下さっていることや、神使いの兎が飛び跳ねていることなどを教えてもらいました。

兎さんが飛び跳ねているということは、積極的にお相手を探してくれていることを意味するそうです。それまで全く結婚する気がなく、これといった男友達もいなかった姪ですが、なんとインターネットで最適なお相手を見つけることができ、トントン拍子に話が進み、8月には入籍したのです。その後、年内に妊娠し、2014年に健やかな子供も授かりました。

ある時、京都の旅館から土地の「お清め」を依頼されたそうです。

その旅館では、悪霊によると思われるさまざまな出来事が起きていたようです。何人かの霊能者(行者)が、除霊・浄霊に行ったそうですが、悪霊・怨霊の力が強く、行者さん達は太刀打ちできず亡くなられていたそうです。

松井光輪先生も、最悪、死を覚悟で娘さんと出かけたそうです。お不動さんの力も借り、何とか除霊・浄霊ができたそうです。後で、その旅館が建っている場所は昔お寺（南禅寺）の墓地であったことがわかったそうです。

その帰り道、タクシーの中で天照様がお下がりになり、

「今日はご苦労であった。格別な褒美をとらす。しばし待っているように」

と言われました。ちょっと待っていると、

「わしが誰かわかるか？」

との声が聞こえてきました。

松井光輪先生が、

「これまでの過去世の研究から、孔子様ですか？」

と答えると、

「孔子である。そなたは、私の生まれ変わりである」

との声が聞こえて来たそうです。松井光輪先生は、大変驚いたそうですが、それで自分が孔子の生まれ変わりであることが判明したそうです。


補足……私達はこの世で生きている時は分霊が活躍しています。その間、本霊はあちらの世界でちょっとお休み状態。我々が死ねば、分霊は本霊の元に帰って行きます。ですから、本霊の孔子が 松井光輪先生に話をされたのです。

松井光輪先生は、とにかく人間としてのスケールが大変大きい方です。ご存じのように、孔子は紀元前500年頃の中国の思想家、哲学者で儒家の始祖です。論語を語った人として有名です。孔子は、神様となっています。孔子は、松井光輪先生が死後仏界に行けることを知っており、大変羨んだとのことです。

松井光輪先生は、いろいろなことが事前にわかったそうです。1985年8月12日の日航機の御巣鷹山墜落事件は、忘れることができない痛ましい事件ですが、信者で搭乗予定の大企業の社長に「搭乗を止めるように」と伝え、その社長さんは一命をとりとめたという話は有名です。同じような「事前予測」の例はたくさんあるようです。

松井光輪先生は、お大師様を始め多くのご神仏が、現在のお寺や神社の有様を嘆いておられることをご神仏からお聞きしています。

松井光輪先生も、

「病気や災難などの場合、ご神仏とお会いして悩みの相談を持ちかける所は、本来はお寺であり神社であったのですが、いつのまにかその役目は薄れてしまい、お寺は故人の供養やお葬式をする所、神社は参拝者が一方的に頼みごとを祈願するところとなってしまいました。かつては、神社には穢れのない巫女がお仕えし神示を伝え、お寺では僧侶が種々の悩み事の相談を聞き、み仏の言葉を伝えたのです。また、加持は医学が担当する分野となり、心のことは疎外されています。どれだけの寺社が衆生済度《しゅじょうさいど》のため、積極的に法を広めようとし、人の心を救おうとしているのでしょうか？　現に生きている人を積極的に救おうとしないで、宗教の役割とは何でしょうか？」

と仰って、嘆いておられました。（第5章参照）

従って、松井光輪先生は織田隆弘先生と同じく、現に苦しんでいる人を救うことを誓願とし、悩み事の相談や諸々の活動をされました。悩み事の相談は、先生が判断できないような場合には「お大師様」のような仏様にお伺いし、適切な回答がなされます。ですから、最も信頼できる正しい回答を得ることができます。

病気の治療は、2種類の治療方法で行っていました。

1つは「法療力」（通常、お加持《かじ》と言っています）と称する治療方法で、もう1つは「遠身法療法（通常、遠身と言っています）」と称する治療法です。

法療力は、クライアントと対面で行う治療法です。

まず、「手感法」といって、クライアントの身体に手をかざし、病気の個所をキャッチし、どの程度悪いのかを念視します。また、病気の原因を探ります（霊感的に察知できる）。

もちろん、手感法ができるようになるには、十分な修法の鍛錬と実施での熟達が必要です。また、霊感や医学的知識も必要です。

生きている動物からは「光子《こうし》」と言われる命の光が出ているそうです。健康な場合は細胞が活発に働いており、光は強く、逆に病気の個所や弱っている箇所は、光の力が弱く、低いそうです。従って、病気の個所は、パワーが弱いので「ヒンヤリ」と感じるそうです。

悪い所がわかれば、その大きさと程度を、精神統一して霊感によって読み取ります。そして、生命力がどの程度ドロップしているか、どの分量の〝エネルギー〟の注入が必要なのかを判断します。松井光輪先生は手感法について、「指の先が目になる、頭で知るのでなく、いわゆる胸うちというのか、魂に感応するものなのです」と言っています。

クライアントの病状がわかれば、エネルギーを注入するスペースを作るために、病気になっている所に手をかざし「悪いもの」を引き出すそうです。

その時に施術者は、クライアントの病気のエネルギーを受けますので、それをうまく受け流す法力が必要だそうです。

そして、天からのエネルギー(極小微粒の霧の粉のようなもののこと)を自分の身体の中で増幅して、手の平からクライアントの患部へ注入するそうです。

エネルギーが満タン状態になると、クライアントから微細な霧状のものが出て来るそうです。それにより、弱っていた細胞が活性化され、病状が改善されるそうです。

私達関係者も、何度もお加持をしていただいており、その効果もよく知っています。お加持による治療は、重篤な患者以外は、1カ月に1回位の頻度で受ければ効果が得られます。重篤な場合は、1~2週間に1回のペースで治療してもらう必要があります。治療の効果は、約1週間程続くそうです。1回の治療時間は約30分程度です。「この指先からの念放射は、レントゲンに写すことも、肉眼で見ることも、写真に写すこともできます」と言っていました。

松井光輪先生の念放射のエネルギーはもの凄く強く、300人位の人を貫通させることができると言っていました。松井先生は、脳死状態の人を法療力で何人も蘇生させたそうです(第1章参照)。また、田中角栄や石原裕次郎の関係者から、病気を治してやってほしいとの依頼がこっそりあったそうです。先生の法力の凄さがわかる話です。


補足……松井光輪先生のお加持(法療力)は、天から(ご神仏)のエネルギーを手から放射(念放射)しクライアントに注入するという方法です。しかし、この方法もお大師様は行っていたようです。法療力は、ただ治す(お加持)だけでなく、手感法により霊感的にクライアントの病状・病気になった原因などをさぐることができるという特徴を持っており、松井光輪先生が名づけた治療法です。「悪いもの」とは、マイナスのエネルギーと言えると思います。法療力では、幽体を癒して肉体の痛みを除くこともできるそうです。例えば、義足の人が足の指先が痛むというようなことがあれば、法療力で痛みをなくすことができるそうです(幽体療法)。天からのエネルギーは、さまざまな波長と色を有しており、クライアントの病状に応じた適切な波長と色のエネルギーが放射されるとのことです。

法療力の治療は対面で行いますが、もう一つの「遠身法療法」は、遠く離れたクライアントに施術する、遠隔治療法です。

遠身法療法とは簡単に言えば「念の放射を送る事により、クライアントにパワーを送り、自己治癒力を高め、病気を治す方法」と言えます。無限次元と仏界・神界の間には一つの不思議な次元があり、これを「天善仏業力界」と呼ぶそうです。ここは誰も存在せず、何もない空の世界だそうです。この場所に、念エネルギーの秘密が隠されていると言っています。松井光輪先生は次のように説明しています。

人が一心に念じる時、その念の力は変化して戻ってきます。肉体は物質であり、意識によって活動しているのと同じように、自然界も意志というものが支配して働いています。その精緻な構造については人間にはわかりませんが、その次元から変化して戻る力を、祈念によって離れているクライアントに届けます。これが遠身法療法です。
この独自の念放射によって遠隔祈念をし、法療力から〝気(霊的エネルギー)〟を相手に伝えます。素粒子より小さな超微粒子の放射によって、病人に必要なものを供給しながら、併せて本人の持つ自然治癒力を覚醒させるのです。この法力は宇宙のエネルギーに行人の力をブースターとして加えることでさらに強め、病気箇所の弱くなった生命体に注入し、パワーアップさせ癒すわけです。法療力の波長は相手との距離間隔により異なり、最も適した波長が選別されます。遠身法療法では、クライアントの病状を読み取る力は、劣ります。

遠身をお受けになる方は、住所、氏名、年齢、病状をお話しいただく必要があります。松井光輪先生は、毎日70~80人の方を遠身で治療されていました。遠身による治療は、重篤の人は1日2~3回、普通の病人で1日1回、軽い病状の人は1週間に1回といった感じで行われていました。

補足……超法輪では、電話でも遠身の依頼を気軽に受け付けており、私達は風邪で熱が下らない時など電話でお願いしていました。遠身の治療時間は数分で、効果も数分後に現れます。

松井光輪先生は、毎晩遅くご神仏と対話されていました。これまで対話されたご神仏は数えきれないくらいいらっしゃいます。新しく神様になられた方に名前を付けてあげたこともあるそうです。ほとんどのご神仏は松井光輪先生をご存じであり、大変頼りにされていました。

特筆したいことは、松井光輪先生は、ご神仏から認められた霊能者であったことです。ほとんどのご神仏は、先生を知っていました。諸々のご神仏が松井先生に種々の協力を依頼していました。それらの依頼の内容は、松井先生によると、例えば「**1月1日の朝、富士山の方角に向き、国家安泰を願い祈ってほしい**」といった国家の安泰を祈る願いの依頼や、自然災害を最少にする祈りの依頼、国家の紛争を未然に防ぐための依頼など、さまざまな内容の依頼があったそうです。第1章の復興菩薩のような依頼もありました。

松井光輪先生は、2015年12月20日に逝去されました。満86歳でした。先生の訃報をお聞きした時、本当に茫然自失となりました。

先生の最も印象に残っているお言葉は、「人々を愛し、人々に愛される人になれるように修行しなさい」です。私達の生き方を具体的に表した大変素晴らしい指針となるお言葉の1つであり、先生のお人柄を表したお言葉であるとも言えます。

超法輪は光雲管長（ご長男）が引き継がれ、引き続き人々を導き救ってこられましたが、誠に残念ながら２０１７年７月をもって閉院されました。

超法輪は大日如来様が許可されたお大師様のお寺であり、多くのご神仏がサポートされていましたので、大変霊験あらたかなお寺でした。このようなお寺はあまりないと思います。

補足……お寺の閉院も仏様により決定されました。それに伴い信者は路頭に迷うことになりましたが、大変幸いなことに大日如来様は超法輪の１人の僧侶に（奈良県で）「写佛写経道場」を開くことを許可されました。超法輪のようなお寺を必要とする衆生は、近い将来、その道場で超法輪が行っていたようなことを実施していただけることを期待しています。この林弘悦和尚の写佛写経道場は、２０１７年10月から開始しています。インターネットで「香芝市の写佛写経道場」で検索できるようになれば、と考えています。

7 西村寶海和尚

西村寶海《ほうかい》和尚は1948年のお生まれです。高知県と徳島県の県境近くにある真言宗・明徳寺の住職さんです。お寺の後ろには小さな滝があり、年中滝行を行ってきた方です。行により法力を身につけられた西村和尚の名前が広がり、諸々の方が救いを求めて来られるようになっています。

高知県は、「拝み屋」が多い土地柄だそうです。西村和尚の名声が高まり、顧客を奪われた拝み屋が、西村和尚に対して呪いをかけたり、いろいろな挑戦をしてくるそうです。そんなことで、一度、目の下が大変腫れたことがあったそうです。多分、誰かが藁人形に、釘を打ち、呪ったせいだと考えられています。

私の妻は大変な冷え性で頭痛に悩まされていました。河原龍靖《りゅうせい》和尚さん（埼玉県・昇龍寺住職）に写真で観想していただいたところ、水子の霊が憑いていました。

西村寶海 和尚

それで、水子の霊を出していただくために明徳寺を訪問しました。西村和尚が登壇し、お経を読むうちに、妻の体が私の方に倒れ込んで来ました。和尚さんに支えているように言われましたので、支えていると、和尚さんは水子の霊と対話を始めました。

「この者は、お前に長い間とり憑かれ、体が冷えて困っている、ここはお寺であるからお前をねんごろに弔ってあげるので安心して、この者の体から離れなさい」

といった内容を何回となく話しかけていました。対話は10～15分位続きました。その結果、水子の霊は納得して、出て行ってくれました。

明徳寺には、霊に取り憑かれた人がたくさん来るそうです。中には「寶海覚えていろよ」と捨て台詞を残して、体から出ていくたちの悪い霊もいるそうです。

西村和尚は、法力がありますから、いろいろな病者も治しておられます。末期癌の方を治した事もあります。西村和尚の治療方法は、クライアントの病気を思い浮かべ、病気が良くなるようにと一心に仏様に祈念する方法で「ご祈祷」と言えるのではないかと思います。従って、治療をお願いする場合には、西村和尚にお会いするか写真と病気などの詳細を和尚さんに伝える必要があります。

補足……ご祈祷の内容や料金などにつきましては、明徳寺のホームページや電話で確認下さい。お大師様がご本尊で、お大師様が大好きな和尚さんです。

時々、お大師様より霊示があるそうです。不動明王様のご真言を1日1000回唱える行を4年やり、2014年8月に満了したそうです。満了と同時に、お大師様が盛んに高野山に来るようにと導かれるので、直ぐに高野山に向かったそうです。

奥の院のお大師様の御堂に行くと、2人お参りしていたそうです。1人でお参りしたかったのですが、しかたなくそのままお参りに行ったら、2人はすぐに立ち去り、1人になったそうです。お大師様が、ご配慮下さったと思ったそうです。

左右7本のローソクを立て、お参りをすると、30〜40センチメートル大の赤い丸いものがゆらゆらと近づいてきて1メートル近くまで来て、ふっと消えたとのことです。

補足……明徳寺（高知県安芸市野根2246、☎0887−23−9777）の西村和尚は大変気さくな和尚さんです。お寺は徳島県との県境を越えた高知県にあり、お寺に行くには車が必要です。

8 松井光穂さん

松井光穂さんは、1962年生まれで、松井光輪先生のお嬢さんです。光輪先生のお父さんの死後1週間くらいして生まれました。光輪先生は、

「父の生まれ変わりである」

「最近は、しぐさが父とよく似てきた」

と、よく仰られていました。

幼少の頃より備わっていた霊能力が、中学時代までの成長の過程で罪悪感・苦しみとなり、「人と違うこと」に違和感を感じながら少女時代を送ったようです。15歳を過ぎた頃、「必要ない」と思っていたその霊能力がなくなる時期があったそうです。

社会人になり霊能力が再び目覚めると同時に、命にかかわる事故・災難から救われる体験を得て、23歳の時に自らの意志で父である松井光輪先生のもとで、技の伝授だけでなく

精神性を含めた真言密教の厳しい修行の道に入りました。

25歳の頃、自らの離婚で自立を決意した途端、ご神仏とのコンタクトが始まったそうです。弘法大師、大日如来様、不動明王様などをはじめ、如来、菩薩、明王、天部、八百万《やおよろず》の神様から役目を授けられ、この世の人々とご神仏をつなぐパイプ役として、迷い多き人々がたどり着く心の拠り所となるべく、自らの使命を全うされているそうです。

祈祷、浄霊、災難除け、悩み相談（仕事、家族問題、恋愛、進学、就職など）、供養（因縁）、前世透視、厄除け、安全祈願など幅広く対応でき、ご相談者に喜ばれ、高い評価と信頼を得ているそうです。

光穂さんは、いつでも、自由に、ご神仏や人霊とお話しできます。その霊能力には、松井先生も一目置いていました。従って、亡くなった方の状況の確認を希望される方や、亡くなった方とお話ししたいとご希望される方や、悩み事などをご神仏にお伺いしてもらいたい方、などにお勧めできる方と言えると思います（2017年5月現在の状況です）。


補足……ご神仏からいただいている霊能力は、ご神仏のご判断で、光穂さんもそうであったように、時により、状況により、**強くなったり**、**弱くなったり**、**なくなったりする**ことがあるようです。

主要なご神仏は、松井光輪先生と同様に光穂さんのこともご存知でした。そして、光穂さんにもこれまで、松井光輪先生と同様に、ご神仏からさまざまな依頼がありました。

それらは、自然災害を最少にする祈りの依頼や、時には、

「神様のお力を再び発揮していただくため」

「神様と仏尊との関係を再構築するためや鎮魂のため」

などの依頼を受け、沖縄や新潟や筑波山などを、ご神仏と共に訪れ祈りを捧げたりしたこともありました。

補足……光穂さんへの、これまでのご神仏からの依頼は、松井先生の代理としての依頼だと思われますので、今後も依頼があるかどうかは不明だと思います。

私達は、故松井光輪先生や光穂さんのようにご神仏に認められた方々が、私達の代表として先に述べたような活動を私費で行い、日本を守ってくれていることに敬意を払い感謝すべきです。もちろん、ご神仏に敬意を払い感謝すべきことは言うまでもありません。

日本にも霊能者の方は、何人かいらっしゃると思いますが、大事なことは、その霊能者の「霊格」が高いかどうかということです。違う言葉で言えば**徳の高い人格者**であるかどうかということです。

徳は、**純粋な心で利他の行を励むこと**によって得ることができますが、それには長い年数が必要です。人格者になることは大変難しいことです。何故なら、私達は「貪瞋痴《とんじんち》」の

三毒を持っているからです。

人格者になるために、松井光輪先生は、「人々を愛し、人々に愛される人になれるように修行しなさい」と仰っています。

松井光穂さんは心のきれいな素晴らしい方なので、今後一層利他の行を重ねると、松井光輪先生のような霊格の高い素晴らしい霊能者になられると私は思っています。


補足……松井光輪先生は、大変高い霊格を持っていらっしゃいました。


松井光輪先生は、決してマスコミにはお出になりませんでした。光穂さんも、霊能者を見下す社会が変わらない限り、メディアには出ないと言っています。

光穂さんが祈祷したお守りは、プロ野球選手や高校球児も身に着けています。もちろん、そのお守りの効果は絶大です。

光穂さんに関する詳細は、ホームページをご覧下さい。光穂さんのホームページは、松井光穂と入力すると「スピリチュアルカウンセラー光穂」と出てきますので、クリックして下さい。

9 川崎光昭和尚

川崎光昭和尚は、真言宗・高徳寺の住職です。40代までサラリーマンをやっていましたが、突然神様のお告げを聞いて僧侶になったという、少し変わった経歴の持ち主です。前世では、高野山の大僧正だったことがわかっています。

神様から、僧侶になって病気の人を救うようにとのお告げを受けたそうですが、

「私は、病気を治す方法を知りません」

と言ったら、神様が、

「私が病気を治す方法を教える」

と言って、手取り足取り教えてくれたそうです。そこで、2010年に、高徳寺を創建することになります。川崎和尚の病気を治す方法は、織田隆弘先生、松井光輪先生、河原龍靖先生などと全く異なった方法です。

高徳寺

まず、クライアントはベッドの横に腰を掛けます。川崎和尚が、背中に何か呪文（神様の文字）を書き、ご真言を唱えます。

次に、ベッドにうつぶせになります。川崎和尚は、再び背中に手を当てて、呪文を書かれます。

そして、次に仰向けになります。和尚さんは、お腹に手を当てて何か呪文を書かれます。手を当てる部分は、クライアントの良くなってほしい部分なのかもしれません。

最後は、再びベッドに腰かけて、川崎和尚に背中を向けます。川崎和尚は、肩の方向から腰の方向に悪いものを取り払うように、軽く叩くような動作をして終了です。

一回の治療時間は15分程度です。その効力を知らない方は、「えぇー、こんなので本当に治るの？」と思われると思います。

補足……神様の文字と言葉で病気を治せることを、初めて知りました。

私は、数回治療していただいたことがありますが、私の病状は神経障害による腰から足先にかけてのシビレですので、あまり良くなりませんでした。しかし、和尚さんや数人のお弟子さん達が、多くの癌やその他の難病患者を治していらっしゃるのは、まぎれもない事実です。

川崎和尚は、末期の子宮癌の女性を治されたり、多くの重症の方々を治されています。

川崎和尚は、

「その覚悟が有れば、いつでもやり方を教えます」

と言っておられます。実際、何人かの方がお弟子さんとなって、そのやり方を教わり活躍中です。

補足……高徳寺（岡山県赤磐市野間105、☎086－995－2848）は山陽道の山陽出口から25分位の所にあります。山陽出口からお寺までのアクセスは、龍王山高徳寺のホームページをご覧下さい。川崎和尚さんは、午後はクライアントの所に出かけることが多いので、午前中に行かれた方が良いと思います。奉納金（治療費）は随意となっています。

類似のやり方で、病気の予防や治療をしている整体師さんがおられます。片野貴夫さんという方で、気功治療教室を開いています。

補足……気功治療教室「健臨会」(千葉県松戸市新松戸3-42、☎047-344-2302)

川崎和尚は、大変気さくな、さっぱりした性格の良い和尚さんです。午前3時には登壇しますので、夕方には就寝します。

10 田場川樹安和尚

田場川樹安《じゅあん》和尚は、文化学院文学科卒業、東京造形大学造形学部美術科卒業、高野山大学大学院博士前期課程密教学専攻修了ののち、高野山真言宗伝法阿闍梨大僧都、高野山大師教会霊玄洞代表などの経歴、肩書をお持ちの新進気鋭の和尚さんです。

田場川和尚は、小さい頃からお墓参りでお線香をあげて合掌していると妙に気分が落ち着いたことを鮮明に覚えているとのことです。そんな田場川和尚を見て、お父さんは、

「将来、お坊さんになれ」

と笑っていたそうです。小学校の自由研究に、神社仏閣の研究や鳥居の研究などを選んでいたそうです。

僧名を頂いた帰り道で、田場川和尚が仏道に入った理由や経過、また、そこで成し遂げようとすることのすべてを、ほぼ一瞥しただけで即座に見抜いた師僧(高野山の高僧)に巡

り合えたことと、これで自分らしく生きられることを実感して、涙が溢れて止まらなかったそうです。

補足……高野山には、まだ優れた僧侶がいるのですね。

田場川和尚は、現在、千葉県で大師教会霊玄洞支部（大師教会霊玄洞代表）を運営していますが、お加持も独学で試行錯誤して修得されています。何故なら、高野山では、お加持の方法を教えてくれる阿闍梨様がいないからです。

田場川和尚は、

「まだ発展途上で先学（織田先生や中村先生など）には及ばない身でありますが、それでも諸病加持などの依頼では、決して妥協することなく日々修法に邁進し、それなりの成果も頂きつつあります」

と仰っています。また、

「一見、真言密教の教理は、組みつくせないほどに壮大で奥深いですね。けれども、そう思うこと自体、未だ観念的操作の世界を飛び越えていないゆえの憶見なのかもしれません。お大師様が言ったようにすべての答えはすでに自心にあるのだという気がします。そこに如何に気づくかということが、お加持の眼目でもある〝すべての繋がり合う世界〟を感得することなのだと思います。お加持は無欲こそ近道ですね」

田場川 樹安 和尚

とお話しされています。

最初にお加持をした時の様子を、

「病者加持と言われるものには、大別して二つの手法がある。願主に対面して直接施すものと、対面なしで名前と生年月日だけで行うもの（後者を遠隔加持という）。

私が友人の親父さんに加持を施した時は、後者の手法で遠隔地から行った。余命宣告を受けて急を要したため、写真メールも送っていただいた。その時は密壇こそあれ、全く儀軌や次第もない環境であったため、基本理趣法だけであとはすべて自己流で模索して行った。

写真を見ると当人が纏《まと》っている気が黒ずんで見え、思考の癖や業が判別できたので、直感的に太陽光と松果体がキーポイントだと感じ、自己流で編み出した太陽瞑想、日想観も交えて、日々癌細胞に光を送り続ける観想を続けた。

私の場合、加持に没入すると松果体がグワングワンと活性化してくる。従って、三摩地《さんまぢ》に入れているか否かは、それが目安となる。

そのようにして、余命宣告を受けて、抗がん剤の副作用から頭髪も抜け落ちて、心身ともに弱り切った状態から絶対に完治するという確信と共に、毎日全身全霊で加持を執り行った。加持を始め1週間経った頃から、癌が消え始め、3週間後完全に消えて親父さんは一命を取り留めた。この経験から、病者加持は3週間が勝負だと思う」

と話されています。

その後も、癌患者の方の治療をされているようで、最近(2017年初頭)もステージ4の末期の膵臓癌の患者を1カ月程で退院できるようにしたそうです。

補足……樹安さんのお加持は織田先生や松井先生のお加持と違っています。三摩地とは、瞑想において、精神集中が深まり切った状態のことです。

私は、医者に見放された末期癌の患者をお加持で治療することができる和尚さんを何人か知っていますが、その中でも田場川和尚はとりわけ高い治癒力(加持力)をお持ちだと思います。もちろん、癌以外の諸々の難病に対応できることは言うまでもないことです。

ただ、田場川和尚のお加持の方法は、長い時間大変な集中力を要しますので、大変体力と気力が消耗する方法だと思います。

田場川和尚は、

「自分の命を削り、患者の命を助けている」

と言っているほどです。

お加持を行っている多くの和尚さん達は、

「命がけでやっている」

と仰っています（織田隆弘和尚や西村寳海和尚）。

田場川和尚は、お話をお伺いした上で、真摯に対応してくれると思いますので、難病でお困りの方は相談してみて下さい。

料金につきましては、和尚さんにお聞き下さい。ただし、医者が見放した難病を治していただいたり、命を救っていただいたりした方は、それなりの十分な対価をお支払いするのが人として当然のことであり、絶対に吝嗇《りんしょく》の気持ちを持ってはいけません（もちろん、支払い能力のある方のことです）。十分な対価をお支払いして、本当に救われるということを知っていただきたいと思います。

また、お加持を行っている和尚さんは、すべて真言宗の和尚さんであり、真言宗を普及するための方便としてお加持を行っています。従って、お加持によって救われた方は、せめて仏教（できれば真言宗）に帰依することを考慮すべきだと思います。

樹安さんは１９７２年生まれの、まだ若い和尚さんですが、大変真面目な、心根の良い和尚さんです。私は、電話やメールで何度か対話しています。今後、さまざまな修行を積み、ますます法力を高め、霊能力も得て、多くの衆生を救済し、そして導き、衆生から感謝・尊敬され、ご神仏からも認められる和尚さんになっていただきたいと願っています。また、衆生と共にあって欲しいと思います。

補足……田場川樹安和尚☎080－5676－8200、高野山大師教会霊玄洞支部（千葉県松戸市下矢切96－5。移転予定あり）

11 田内秀導和尚

田内秀導《しゅうどう》和尚は1956年生まれです。子供の頃から数々の神秘体験を経験していたそうです。

26歳の時に、大変優れた飯島師僧に認められ入寺しています。飯島師僧は、大変な霊能力・法力を持っていたお坊さんだったようで、自分の死期もわかっていたそうです。

そしてある日、田内和尚に、

「私は菩薩界に行くので、よく見ておくように」

と言われたそうです。飯島師僧は、48歳の若さで、お盆の法要のお経を読んでいる途中に遷化されたそうです。

田内和尚の守り本尊は「虚空蔵菩薩様」だそうです。田内和尚は、虚空蔵菩薩様や亡き師僧などと対話できるそうです。また。田内和尚は、額から光を出してクライアントの身体の中を内視鏡で見るように観察することができ、病気の原因を突き止めたり、病気の状態を知ったりすることができるそうです。

松井光輪先生と類似の方法で「お加持」をやって、難病者を救っておられます。

遠隔治療も、一度来ていただくか出かけて行くかしてクライアントの病状を見たのち、霊視能力でクライアントの身体の悪い所がわかるそうです。

例えば、癌であれば黒く見えるそうです。癌などは、お加持で焼き小さくすることもできます。乳癌のクライアントをお加持で小さくした後、手術で切除させ完治させたこともあります。お加持の時は、仏様とコンタクトするそうです。

また、ロスアンゼルスから、医者から見放され、失明寸前のクライアントが来られ、お加持で治したこともあります。その方は、今でも定期的に病状の確認のために来寺されているそうです。

松井光輪先生がご存命の時に、田内和尚のことをお話したら、松井先生は田内和尚さん

田内 秀導 和尚

のことを仏様にお聞きしたそうです。

仏様は、

「この者はよく修行を積んでいるが、外での活動実績が少ない」

と言われたそうです。すなわち、「田内和尚さんは、仏様にも認められた」ということができます。

田内和尚は、犬、猫、鳥などともお話ができるそうです。また、四国八十八ヶ所を３カ月かけて、徒歩で回られたこともあるとのことです。禅宗、臨済宗、浄土宗、天台宗の資格もお持ちです。

低級霊とは波長を合わせないようにしているとのこと。

師僧からは、「美しいものを見なさい」との指導を受けたそうです。

田内和尚は、

病封じ＝透視して早期に病を見つけ施術する。

透視＝体の不具合箇所を見つける。

霊視＝浄霊を必要とする人は浄霊する。

過去世＝前世の因縁を見る。先祖供養。

ご祈祷＝仕事、夫婦関係などが上手くいくように祈念。

厄除け＝お払い、厄年のお払いなど。

といったことの他に、葬式事もやっておられます。

田内和尚は、時々警察から捜査協力を依頼されることがあるそうです。何度か、犯人を霊視し、それにより犯人の逮捕に至ったことがあるそうです。

私が、田内和尚と知り合えたのは、2015年4月でした。

その後、和尚さんとお会いする機会があり、癌患者と腰痛患者のお加持や先祖の供養（成仏）などを拝見することができました。先祖の供養や成仏時の和尚さんのお経や真言には凄まじい力を感じました。また、癌患者のお加持では、癌の個所を特定し、その都度、癌組織を焼いていました。

和尚さんは、お加持をする時には、患者さんの身体全体を内視鏡で見るように透視し病状を確認しますので、患者さんが自覚していない病気も見つけていました。お加持は、1人1時間位かかり、その間大変な集中力を要するため、1日3人位が限度だそうです。田内和尚さんについての印象は、これだけ凄い法力や霊能力や透視力などを持ち、なおかつ高い霊格（人徳）を持った和尚さんはあまりいないと思いました。

補足・i……お加持で、癌の組織をどうして焼くかと言いますと、和尚さんの手の平を癌の場所にあて、頭頂から取り入れた仏様のエネルギーを身体で増幅し、手の平から癌細胞に放射し、癌の組織の部分の温度を約56～57度まで上げていき、癌の細胞を死滅させます（癌細胞は約53度で死滅）。和尚さんは、癌の組織の温度変化が正確にわかるようです。

ii……悠照寺（東京都葛飾区西水元4－18－21、☎03－5660－4225）は完全予約制です。大変混み合っているそうですので早めの予約が必要です。詳細はお問い合わせしてみて下さい。

＊　＊　＊

佐伯隆快和尚

織田隆弘先生の真成院でお加持を学んだ和尚さんの一人に、佐伯隆快和尚がいます。1973年生まれの若い和尚さんですが、お加持もされています。お加持の料金はクライアント任せとのことです。佐伯和尚の庵は一心念誦堂と言います。

補足……一心念誦堂（岡山県倉敷市西坂1582－1、☎086－463－9391）の佐伯和尚は立派な方なので、難病などでお困りの方は相談してみて下さい。

油井真砂尼

明治以降で最高の能力・法力・霊力を持った和尚さんに油井真砂尼《ゆいまさご》（1887〜1959年）がいます。油井真砂さんの能力の一例を言えば、ある時、上野の寛永寺において、瞑想状態で、古代インドの経典を原語のサンスクリット語で講義したそうです。もちろん、油井さんはサンスクリット語など知りませんでした。油井さんは、1959年に天皇家のために5カ月の断食に入り、静座をしたまま静かに逝去されました。

浅野妙恵さん

浅野妙恵《みょうけい》さん（1912〜1996年）も、ご紹介したかった方です。浅野さんは、油井さんにお会いしていますが、油井さんは、「浅野さんにはお大師様の背後霊と、神様の背後霊がついていています」と言われたそうです。

浅野さんは、ご神仏と自在にお話ができ、多くの方々の問題や悩みを解決し、救っておられます。浅野さんの後は、御子息の浅野恵勝《けいしょう》氏が引き継いでいます。

補足……大師会・浅野恵勝氏（広島県広島市西区山田新町2－16－6フタバヒルズ3－105、☎082－272－8251）は、多くの方々の問題を解決されています。

桜井識子さん

桜井識子さん（1962年〜）は、ご神仏の近くに行けば、ご神仏や眷属と自在にお話でき、お姿を見ることもできる方です。

桜井さんは、他の霊能者と異なる能力をお持ちです。それは、古くはキリスト様と会った世代の記憶や前世の少年特攻隊の記憶など、8〜10世代位の記憶をもっており、これまでに136回輪廻転生したことを記憶しています。

桜井さんは、多くの本を出版し、ブログも書かれています。残念ながら、相談には一切応じていらっしゃいません。

山野寛然和尚

山野寛然和尚（1934〜2014年）は、大阪府高槻市の天台密教・西福寺修法道場の和尚さんでした。私が山野和尚のことを知り、道場にコンタクトしたのは2015年4月でした。山野和尚は、多彩な知識・能力を有し、いろいろな体験をしている和尚さんで、一言でご紹介することが難しい方です。

例えば、臨死体験と幽体離脱の体験、予知能力、多くの霊達との出会い（霊との対話）、前世の記憶、クロレラ藻の化石、仏教気功、ピラミッドカード、宝石光線遠隔療法、整体、護身杖療法、対面加持療法、遠隔加持療法、光線発生機、植物セラピーなど、実にいろいろなことを勉強し、知り、行われています。その霊能力・法力・知識・能力には驚かされます。植物と対話する機械を考えたりしていて、規格外の和尚さんと言えます。

山野和尚は大変有名な方で、多くの方と交流があり、講演会なども行っていました。もちろん、癌などの難病を治したり、諸々の相談や難問を解決したりして、多くの人を救われました。

難病を治す時の和尚さんの口癖は、

「仏様に治していただいていることを信じ切ること」

でした。もし、「私が治している」と一瞬でも思えば、治らないそうです。

山野和尚は、『難病、奇病を癒し ガンを癒す』（エンタイトル出版）、『心霊界』（サンロード出版）などいくつかの本を出版されています。本当に、一度お会いしていろいろ教えていただきたかった方です。

日本には、まだまだ多くの名僧や霊能者がいらっしゃいます。また、日本のためにご尽力されている方々もいらっしゃいます。これまで、そうした方々にお会いする機会やそうした方々をご紹介できるだけの術を得ることがありませんでしたので、ご紹介できないことは大変残念なことです。

私は、この他にも「難病を治す法力を持っている」と称する和尚さんや、「本物の霊能者」と自称する方達とコンタクトしたことがありますが、本物ではありませんでした。多くの方にとって、本物の方を探すことは大変難しいことであるとも言えます。

第3章

我が家の関係の神仏や先祖との霊的体験

1 小坂家関係の墓地の整理計画

第1章で紹介したように、ご神仏の存在やあの世の存在を理解する(信じる)ためには、「何らかの霊的体験をすることが最もいい」と思います。幸いなことに、私達夫婦はいろいろな霊的体験をいたしました。そのいくつかをご紹介します。

❶墓地の整理計画

私達が仏様にお会いする機会を得ることになったのは、私の実家の「お墓の整理計画」に起因しています。私の実家は、高知市の中心部から直線距離で10キロメートル程南に行った、高知市春野町秋山という所にあります。

我が家の家系は、図4に示すように「松本家と小坂家」からなっています。松本家には

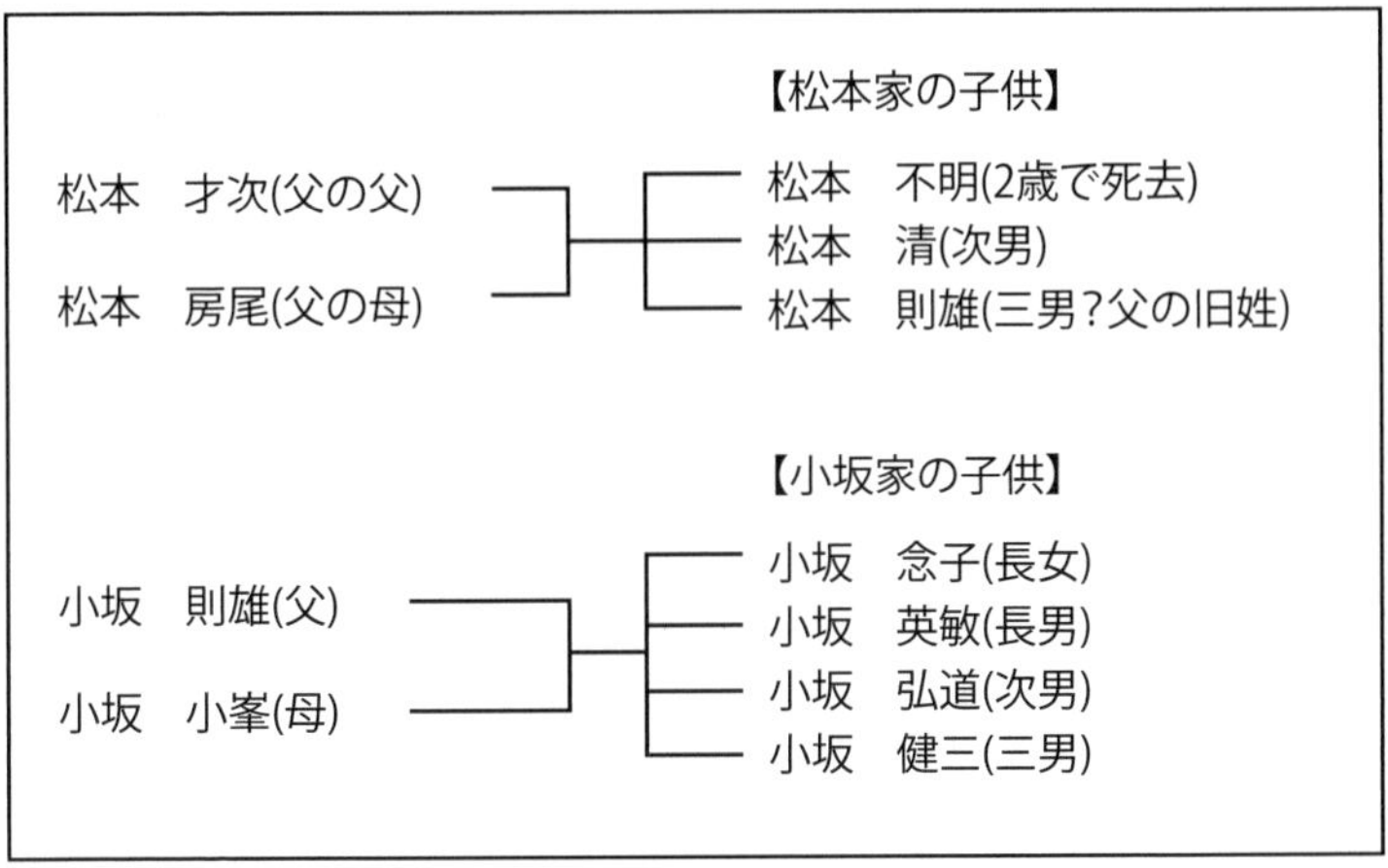

図４　小坂家と松本家の家系図の一部

2歳で亡くなった子供がいます。この人が長男だとすると、私の父（則雄）は、松本家の三男ということになります。

父は、家督を次男の清に譲り、小坂家の婿養子となりました。しかし、松本家の家督を継ぐはずの清が38歳の若さで１９４５年に亡くなり、松本家には年老いた房尾（則雄の母）が残されましたので、小坂家が松本家に入り、房尾の面倒を見ることになりました。そして、松本家を小坂家に変え、これまで存続してきています。

房尾は１９６３年に亡くなり、父（則雄）も１９９５年に亡くなりました。それにより、松本家の血筋をひく者はすべて故人となりました。なお、松本家は分家で、別に本家が存在します。

小坂家の墓は、図5に示すように3カ所にありました。それぞれの墓は、15～30キロメートル程度離れていました。

①番目の墓地には、小坂家と松本家の墓がありました。③番目の墓地には、小坂家と田邊家の墓がありました。田邊家は、小坂家の使用人だった家です。これらの3カ所の墓地は険しいけもの道のような道を上がった山の上にありました。年配者には、とても管理できないような墓地でした。

それで、跡取りの長男夫婦が図5に記すような案などを参考に、お墓を整理することを思い立ちました。種間寺は四国八十八ヶ所の34番の札所のお寺であり、この寺が販売した墓地に小坂家の「空の納骨堂」があります。長男夫婦から、お墓の整理計画を聞いた時、私は直ぐに賛成しました。ただ、お墓の整理にまつわるたくさんの問題があることを松井先生から伺っていましたので、「どのようにしたら良いか松井先生に相談した方が良い」と提案しました。長男夫婦は、私の提案を受け入れてくれました。

2013年10月29日に、兄夫婦と超法輪に松井先生をお尋ねしました。そして、小坂家の現状のお墓の所在地と内容、そして、整理計画を説明しました。

私達の説明を聞かれ、おおむねご理解された先生は、

「三家の多くのご先祖が関係する、大変複雑な話である。これは、仏様にお伺いするのが

図５　小坂家、松本家、田邊家のお墓の現状と整理案

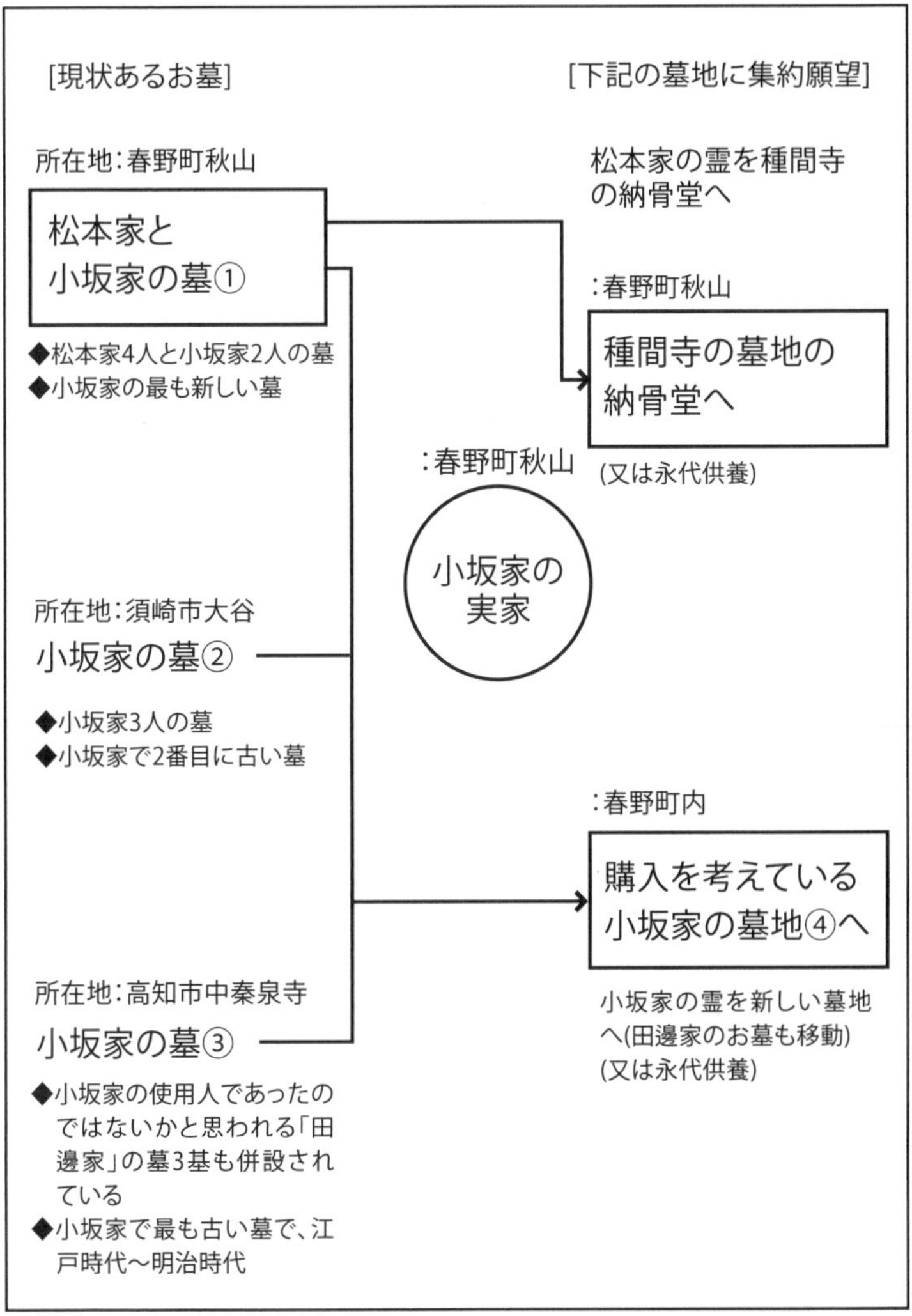

「一番良い」

と仰られました。兄嫁は、その前日の夜（28日）父・則雄の夢を見たそうです。

それを聞いた松井先生は、

「おじいちゃんは、お墓の整理の件は、超法輪に任せなさい、と言っています」

と言われました。それで、12月4日に再度超法輪を訪問し、仏様にご降臨いただき、ご意見をお伺いすることになりました。

❷ 2013年12月4日、超法輪でお大師様との対話

12月4日に、再度、兄夫婦と一緒に超法輪を訪問しました。

松井先生は、ご神仏などと直接お話することができますが、その場合は私達にはご神仏などのお声が聞けないので、今回は松井先生のお弟子で優れた霊能力者であり、また霊媒者である木村光明先生に同席いただき、お大師様に木村先生の身体にご降臨いただくようにしていただきました。

霊媒者にご神仏などを下すと、ご神仏などは霊媒者の声帯を使って声を出すことができ

るようになりますので、私達もご神仏などのお声を聞くことができるようになります。ちなみに、霊媒者はご神仏などがその身体に下りてきた瞬間から、自分の意識はなくなり、ご神仏などが何をしゃべったか全く覚えていません。

補足……本書では、弘法大師空海のことをお大師様と称しています。また、以後のお大師様との対話中の補足は、お話をお聞きした時点の私のコメントです。

松井・木村：（お祈りを始めてすぐ）着物を着た上品なおばあちゃんがもう来ています。

補足……母が来ていたのだと思います。こちらの世界のことは、あちらの世界に筒抜けです。

松井先生：松本家、小坂家、両家の問題を、墓地の問題、供養の問題、いろいろございますが、一つご指導賜りたく存じます。どのような方向に、どのようにすればいいかというご指導を賜れば、誠に幸甚に存ずる次第で御座います。

お大師様：よく気が付かれたのう、大師じゃ。今日の良き日、目出度き日ということじゃのう。心優しき者たちのこの思い、なんとほほえましいことであろうのう。墓のことか？

松井先生：松本家の分家の方は、後継ぎの方がいらっしゃいませんので、その後どうするのか、永代供養にするのか、または墓の移動をするのか？

お大師様：松本家の皆じゃがのう、何の思いも持たずして、そして皆の優しき行いで安らかに、こちらの世界で修業をしておるによって、何らもの申す者も出てきてはおらぬのう。

お大師様：この松本家と小坂家の因縁、これ人が結びしものでなくての、これは代々深き古《いにしえ》の深き結びつきといおうかの、師弟関係といおうかの、そういったものの中での出会いであって、非常にこれは合点の行く家族関係であるのう。このお国の為に、世の中の為に頑張った忠誠心というものは素晴らしきものであったの、そしてじゃこの優しき皆の者を一つにまとめたこの先祖、これは非常に素晴らしき働きをしておったということである。人というものは、己の考えの中で物事をたてて、そして進めていこうとしておるがの、しかしこのそれぞれの者すべて、考え、思いつき、経験、見通しなどが違うわけであって、非常に纏《まとま》りのつかぬのがこの家系の悩みじゃのう。

補足……松本家と小坂家は大変深い関係があったことが、初めてわかりました。そして(多分、小坂家の先祖が)大変素晴らしい働きをしたことがあることも初めてわかりました。まとまりのつかないのが、この家系の悩みである、と言っています。これは我々、小坂家皆の課題です。

お大師様：松本家の者たちの言い分であるか？　どのようなことを聞けば良いのかの？

松井先生：分家の方はもう跡取りのいらっしゃらない。（残っているのは）本家の方だけであるし、あとお墓が寄せ墓になっていますし、これからどういう（ふう）にして行かなければならないか、苦慮しておられます。

お大師様：松本家の子孫は、今おらぬであろう？

松井先生：はい。

お大師様：よってじゃ、墓を建立するということは、代々その墓の管理、そして供養ごとも伴ってくるということであるので、それが不可能であれば、それは人間世界のよき方法をとるが良いであろう。

松井先生：私は松本家（分家）の永代供養として、されたらいいのではないかと提案をしたわけですけど。

お大師様：松本家の者は、それに関してなんら意義を唱えておらぬの。かえって、いろいろの負担をかけることの方が非常に心苦しいという風にとれるのでの、今おる者達の思いのままといおうかの、納得のいく形、先祖に対する敬いの気持ちを持って行けば、それはなんら問題はないであろう。

補足……永代供養でもよさそうですね。問題は、敬いの気持ちを表していく方法ですね。

お大師様：五輪塔と申したか？

松井先生：はい、これをどうするか？

お大師様：五輪塔の意味であるが、やはり先祖を敬う場所としての佇まいであるから の、これが気持ちの上での墓石としての役目を果たしているのであろうが、これを管理するもの、末永く見届けようとする者がいなければ、これは大変に祖先に対しての不安を抱かすことでもあり、心が十分に伝わるというものでもないので の、今いるものが心を一つにして、そして敬いの気持ち、感謝の気持ちでよき方法を取るのが良いであろうな。この五輪塔そのものにこだわるというよりも、ここに収まりしものに対する敬愛、敬いの気持ちをもってどうするか、という方法を取れば良いのである。

松井先生：他の墓を整理して、そうする形になっていくと思うんですけれども、それでよろしいんでしょうか？

お大師様：他の墓を整理するということは、今ある墓を整理して新しき墓にするということであるか、それとも管理ができていない墓を一つにするということであるか？

松井先生：新しい墓も作り、そこに五輪塔を持っていこうかというお考えらしいですけど。

お大師様：小坂家の五輪塔であるかの？

松井先生：はい。

お大師様：小坂家は代々子孫が栄えておるであろう。

松井先生：はい。

お大師様：小坂家の子孫がこの五輪塔なり、そして祖先の魂の入りし墓、このようなものを今後心を込めて供養し守っていく、そういった者が居るのであれば、この五輪塔なり墓を移そうが、それは問題ないのである。ただ、移す時の作法であるの。作法というものは、非常に丁重にせねば、過去の(お墓に入っていない)者達やお墓に入っている者達の思いが通じないといった問題が起こるので、ここのところはしかと心して、その作法を行うことである。

補足……五輪塔は新しい墓に移しても、移さなくても良い、と言っています。ただし、五輪塔のお魂抜きの作法は、丁重にしなさい、と言っています。また、小坂家の墓を一つに集約することも問題ない、と言っています。

松井先生：それは、普通はお寺さんにお任せするしかないんですけど、今の(小坂家の菩提寺である)禅宗さんの、曹洞宗の住職にこれをお任せしてよろしいんでしょうか？

お大師様：その曹洞宗の寺に今後世話になり、そして長く縁を結ぶという、そういったものであれば、これはその寺の僧侶に頼むことが礼儀として大事なことであろう。そして、その者の力がどのようなものであるか、どうかということはこれはまた別の問題である。よく考えて行うことであるのう。

弘道：松井先生にお願いするということはどうなんでしょう？

お大師様：その寺の住職への依頼を飛び越えて当寺院の住職に頼むということは、これは今後の問題として非常にぎくしゃくとしたものである。その寺の住職に依頼をして、そしてどのような形でどうするか心得、先祖に対する思い、その元の墓に対する思い、そして作法、そのようなものをしかと話し合って、その上での、うーんそうであるのう、その上での非常にその寺の者に対して無礼な言い方ではあるが、この者達が落ち着かぬのであれば、この松井光輪という者に依頼をして確認をする、そのような方策がよいのではないか。人の道を外して、そして己の思いだけで通したのでは先祖が心苦しい。そして、これからその寺に世話になるであろう。今いる者たちも非常にスムーズにといおうか、物事がすんなりといかぬであろう。すじを通すことである。

補足……お大師様は、真如寺(小坂家の菩提寺)の和尚さんの力をわかっている筈ですが、そのことについては触れていません。その代り、松井先生に確認して頂きなさい、ということをそれとなく言っています。非常にすじの通ったお話をされています。

松井先生:田邊家は使用人であったのか定かではないが、小坂家で供養しています。これはこれからどうすればいいでしょうか?

お大師様:そうであるなあ、この田邊家というものは家族同様に暮らしておったものじゃのう。確かに家筋といおうか、そのものはおのずと違っておったが、しかし家族同様、そして心をゆるしての関係で共に生活をして居ったものであるが、この田邊家というものは非常にわきまえた者達であって、出過ぎずそしておごらずといった者であったので、非常にこの家人(小坂家)が大事にして居ったのう。

補足……お陰で、田邊家との関係が明白になりました。

松井先生:これは、小坂家の方で今後このままで供養してあげて良いでしょうか?

お大師様:おそらく、この田邊家をみる者がいないのであろう。故に、この墓の一部に共に葬られたのであろうと思う。苗字といおうかの、名前そのものは違うのであるが、小坂家である当主とやはりそこの違いは明確にして供養してやることが先祖の思いが通じるであろうの。

松井先生：これも末代、子供さん達（が）このままずーといきますと、この方どういう関係かわからなくなってくる場合もありますし、その点はそれでしかたないいんじゃないかと思いますが、如何で御座いましょうか？

お大師様：これはこの当家の家人の思いであって、小坂家とは縁無き者によって名前も違うによって、松本家の永大供養と同じくに寺に供養していただくという方法もあれば、この小坂家の墓に一部に田邊家として建立しておったということはおそらく思い深き者の関係であったであろうから、これはその家人の心のままでよいであろう。丁重に供養すれば、これは思案して悩むより遥かに供養には繋がるであるからの。

補足……現状のままというわけにはいかないと思いますので、永代供養か小坂家の新しい墓に移動すべきと思います。田邊家先祖代々の霊位の位牌を作り、お性根を移すまでを行い、当面兄夫婦の家でお祀りしたらどうかと思います。

松井先生：供養は、松本家は真言宗であり、小坂家が曹洞宗であると、その中に神道として供養されたお墓もあり、また今現在R会（新興宗教）でのご供養をされておりますけど、これは別にそのままでもよろしゅう御座いますでしょうか？

お大師様：心優しき者の、少し、ちょっと言葉は悪いかもしれぬが「マヌケな供養の仕方。であろうの。この者達の思いは非常に重く熱いものである。しかし、人の道というもの、これはやはり道は正道といおうかの、あるのである。その道を間違わずに歩み、ましてや口無き先祖の供養ごと、この供養ごとが先祖がこの寺で、この仏様で、この土地で、己たちの魂を鎮め、そして修行に励みたいと思う一念で、向こうの世界に修行の旅に旅立っておる。そうすれば、これはいろいろの宗派も変われば、この唱えるべき経文も変わってくるであろう。そのことにより、この亡くなりし者は、この道を行くべきか、またはこちらの道に行くべきか、到達するところは同じであろう天に向かって仏の膝元に向かって修行はして居るが、この道か、この道か、あの道か、非常に煩雑で到達に時間が掛かる。

補足……マヌケな供養の仕方の意味は、小坂家のご先祖が曹洞宗で供養したり、神道で供養したりしたことと、現在曹洞宗とR会の二つで供養していることを指摘しています。お大師様も、ご先祖が仏様の膝元に向かって修行していると言っており、また修行をスムースに進めるためには、元の道を正すことが良い、と言っています。お大師様は、一族の宗派は同じであるべきである、と仰っています。これは、大変重要なことです。すなわち、小坂家と田邊家は曹洞宗に松本家は真言宗に戻しなさい、と言っているのです。従って、R会で供養をすることは、先祖の修行の妨げになると言っていることに気が付いてほしいと思います。何故同じ宗派に戻すべきかと言えば、仏教では宗派が変われば、対象とする仏様が変わり、唱えるお経も変わってくるので、宗派を変えればご先祖が迷い、到達に時間が掛ると言っているのです。（到達とは、霊界を上がって行くことを意味しています）あの世に行った人は、遅かれ早かれ「生前に信仰していた仏様に向かってお経を唱え修行すること」がわかります。

松井先生：いわゆる、迷いが出るということですね？

お大師様：左様である。今日は仏教のお経で、そして明日は神道の祝詞《のりと》で、また今日は仏教の経が流れてくると、どちらの道を行けばよいのであろうかということになるので、やはりこの道、極めし道は一つでないといけないのである。この者たちの思いは非常に素晴らしく、先祖に対する思いが非常に感じられるがの。そこのところのやり方といおうかの、この者たちがすべてしたわけではないのであるがの、だから今これに気づいたこの者達が素晴らしいのである。

補足……お大師様は、（その人の生前の信仰に応じて、最初は）祝詞やお経が流れてきて、進むべき道を案内してくれる、ということを言っています。

松井先生：そういうことで、今日は大きな筋道はだいたい方向が見えてまいりましたけども、今後またいろいろ問題が出て来るかも知れませんけど、その節はまたひとつ宜しくお導き頂きますようお願い申し上げます。

松井先生：お母様がお越しになっていたようで御座いますが、今そこにお越しで御座いますでしょうか？

お大師様：来ておったのう。来ておったがのう、今は退散しておる。しかし、何故来たのかと、大師は少し離れてみておった。非常に、心穏やかにして居った。正装して、居ずまいを正し、出てきておった。感謝の気持ちであろうの。何ら、心配することはない。

お大師様：よく、いろいろのことに気づかれた。このことは、今日が初めのこれからの行であるからの。ただし、いろいろの事を正しく元に戻し、そして健康で家族仲良く清らかな心で世の中に存在することが良いであろう。必ずや、物事が正しく収まった時には、今の者の心が静かで穏やかになるであろう。

お大師様：良く気づかれたことを、ほめてやるが良い。

補足……松井先生が言うように、ほとんどのことが明確になりました。お大師様は、ここでも「いろいろの事を正しく元に戻し」と言っています。これは、仏様に帰依し、曹洞宗と真言宗で正しく供養しなさい、と言っているのです。

また、母が正装して出てきていた、と言っています。あの世の霊達も、服装を意のままに変えられることがわかります。

お大師様のお話から、小坂家、松本家、田邊家のご先祖で、今回のお墓の整理に反対する方は誰もいないことがわかりました。これで、心おきなく計画を進めることができるようになりました。

補足……お墓の移転などを行う場合には、先祖の中に一人でも反対者がいれば、行ってはいけません。先祖の同意がないまま行えば、その家の家人に障害(病気)が出ることがあります。

2　お墓の確認作業

お大師様より、「菩提寺の和尚さん達にお墓を移していただき、その後で松井先生にお墓がきちんと移転されているか確認していただいても良い」とのお話を伺いましたので、その通りにすることにしました。

２０１４年５月に実家より、「お墓の移転が完了した」との連絡を受け、超法輪と話し合いをした結果、７月26～27日の日程で、移転の確認に行っていただくことになりました。

当日は、松井先生、木村先生、お弟子の一人の松岡さんが来て下さいました。

❶２０１４年７月26日、古いお墓の確認作業

まず、３カ所の古いお墓に行き、先祖が完全に移転しているかを確認していただきました。

写真１　泰泉寺の墓地跡

写真1は泰泉寺のお墓の跡地です。ここは山一帯が墓地でしたが、南海の大地震（１９４６年）で山全体が崩れ、ほとんどの墓地は土に埋もれてしまいました。小坂家も、墓石が土に埋もれ墓地がわからなくなりました。１９９０年代の初めに、ある霊能者の方に霊視していただいたところ、墓石のある場所を特定して下さり、そこを掘ると3基ほど墓石が出てきました。そして、田邊家のお墓も数基、小坂家の墓地より一段低い所で見つかりました。

墓石が3基ほど見つかったことを病気で入院中の母に報告すると、母は、まだ墓石はあった筈だ、というので、見つからないご先祖を供養するために「五輪の塔」を建て、供養することにしました。写真は、小坂家の墓地跡ですが、周りには木々がおい茂っており、また、登ってくる道の両脇には倒れた墓石が雑木林の中に散乱しており、決して良い墓地とは言えません。小坂家の家人に霊障が起きなかったのが不思議なくらいです。

松井先生と木村先生に確認していただいたところ、この墓地跡には、小坂家の先祖はすべていなくなっていることがわかりました。

木村先生が、小坂家の武士が袴姿で出てきて、

「皆が今日来ることがわかっていたので、お礼に来た。ここには、愛着があるので時々来る。田邊家も供養してやって欲しい」

と言われたと教えてくれました。また、松井先生からご先祖様に対し、

「ホテルに帰ってから皆に集まってもらい、そこでお言葉を聞きましょう」

とお約束をしたら、お大師様が出てこられ、

「先祖に何か意向があれば、後で私が聞いてやる」

と仰ったとのお言葉がありました。そこで、お経をあげ供養し、地神様にもお礼を申し上げた後、早々に墓地を離れることにしました。

補足……木が墓石に覆いかぶさっているようなお墓は、家人に障害が出たりする、良くない墓だそうです。

次の墓地跡は須崎市大谷地区です。車で、30～40分の距離です。ここも道なき道を、雑草をかき分け、他人の墓地を通り必死の思いで登りました。ここの墓地跡は、南向きの大変日当たりの良い所です。

木村先生が、

「花が咲き乱れている様子が見え、清々しい感じがする。手の甲に、金粉が出ている(ご神仏からのお祝いとのこと)。ここには、もうどなたもいません」

と仰られました。松井先生が、

「お母さんが来られており、皆が来てくれたのでお礼に来た、といっています」

と教えてくれました。ここでも、お経を上げ供養し、早々に下に降りることにしました。

昼食後、最後の秋山の墓地跡に行くことにしました。

秋山の墓地跡は、大谷地区から車で30～40分位離れた所にあります。ここも険しい山道を登った一番上の墓地が小坂家、松本家の墓地跡です。ここは竹林に囲まれている墓地です。日当たりが悪く、竹が茂っていますので、決して良い墓地とは言えません。

木村先生が、

「お父さんとお母さんは2つの道にわかれて、それぞれが修行している。それぞれに、恨み、つらみ、があるわけではない。2つが今の時点では、出会うことはない。この墓地

写真２　小坂家、松本家、田邊家のお墓

への執着は感じられない。きちんと処理されていて、非常に良い状態だと思います」と教えてくれました。

また、2歳で亡くなった、松本家の子供の墓跡にも行き確認していただきましたが、そこにもういないとのことで、すべてのご先祖が移動していることが、確認できました。

❷ 2014年7月27日、新しいお墓の確認作業

翌朝、新しいお墓に行って、確認していただくことにしました。新しい墓地には、**写真2**に見るように、小坂家、松本家、田邊家のお墓が並べられています。

以下は、お墓を見ていただいた結果です。

補足……お墓の整理の方法として、兄夫婦は写真2に示すように、新しい墓地に、3家の墓石を並べ、3家を仕切りで隔てることにしました。松井先生は、「家人や縁者がお墓を守る方法が最も好ましい」と言っています。

松井先生：風水学的にも、墓相学的にも、大変良い。考えて、良く作っている。周りには、木もなくすごく良い所である。

木村先生：たくさんのご先祖が出てきている。昨日、秦泉寺の墓地跡に出てきた武士の方もいる。首にタオルを巻いた男の人も、赤ちゃんをおんぶした女の人も。蓮のような葉がまっ白い水に浮いている。喜んでいる。次から次に先祖が出てきた。

木村先生：田邊家では、白い衣を着て両懐に腕を入れ、頭をずっと下げている人がいる。行列をなしている。

木村先生：松本家は、このようなお祀りをしてもらって、恐縮している。

木村先生：小坂家の子孫に、田邊家の者が入ってきている。

松井先生：小坂家の人は気骨があり、責任感がある。少し、(気)難しい感じだが。小坂家の代表が来て、次のようにお礼を言った。〝三家仲良く面倒を見ます。皆が来てくれて、ただただ感謝、御礼のみ〟とのこと。

木村先生：天の気が降りる場所である。天の気が降りる場所は滅多にない。天の気は降りかけている。皆が、心を引き締めて、精進することが大事。天の気は凄い力を持っている。

木村先生：田邊家は、今でも小坂家に忠誠を尽くしている。

補足……小坂家の代表が来て、三家仲良く面倒を見ます、と言っています。各家のご先祖には、代表者がいることがわかります。あの世の仕組みはわかりませんが、この世と類似した点が多々あるように思われます。また、天の気とは、太陽・月・惑星などの宇宙の天体が発するエネルギーのことと言われています。たくさんのご先祖が出て来られ、お墓がご先祖の依り所であることが、わかります。

松井先生達にお経をあげていただき、供養していただきました。本当に力のある僧侶による供養は、我々の何百倍も供養の効果があるそうです。さぞかし、ご先祖様も喜ばれたものと思い、深く感謝申し上げました。これで、新しいお墓にすべてのご先祖が移られ、大変喜んでいただいていることが確認できました。これで、私達は今後安心して暮らすことができます。

私達がしたようなこと（ご先祖の同意を得ることと古いお墓と新しいお墓の確認）は必要

ない、という意見の方もいるかもしれませんが、それは「お墓に関するトラブルが実に多くあること」を知らない人の意見です。トラブルは第6章に記載したように霊障によるものですので、霊の見える方に確認していただくことが賢明な策と考えます。

3 お大師様と母との対話

２０１４年7月26日にお大師様との対話後、松井先生がお大師様にお願いしてくれて、母（小坂小峯）とも対話をさせていただくことができました。

❶お大師様との対話

秦泉寺の墓地跡でお大師様が、

「先祖に何か意向があれば、後で私が聞いてやる」

と仰いましたので、ホテルでお大師様のお話を伺うことにしました。

松井先生が、木村先生の身体にお大師様を降臨させて下さり、姉兄弟夫婦全員で、お話を聞くことができました。

お大師様：呼んだか、光輪呼んだか？

松井先生：はい。「はるのの湯」におきまして、皆様あい揃いまして、今日の良き日で御座います。

補足……「はるのの湯」は、宿泊したホテルの名前です。

お大師様：良く今日の日を迎えられ、役目を果たされて、何よりであった。皆の思いが一つになり、そして心が一つになり、そして素晴らしき行いが光り輝いておるのう。

松井先生：はい、誠に結構なことで御座います。

お大師様：小坂家の先祖がどのような思いをしておるかということを心に留めてはおるようであるがの、先祖も、心苦しく今日の日まで子孫に申し訳ないという思いできておる。日々、己の修行の中で時間をさきしこの長の月日の行いは先祖が非常に恐縮しておるのでのう。皆の思いが一つになったように思っておるが、また先祖も何とかしなくてはならん、という思いできておったように見ておる。

補足……お大師様は「己の修行の中」と言っていますが、私達も先祖も共に修行に励んでいる、ということです。大事なことは、「何のために修行しているか？」という訳を知ることです。

お大師様：今日の良き日、非常に天候の荒れし時の良き日であったがのう、皆の思いが花を咲かせたということで目出度き日と言って良いであろう。しかしじゃ、長の月日の落ち着き日その場を懐かしむ心がない訳ではないのでの。非常に良き所に納めて頂いたということを皆は喜んでおるがの。しかし、懐かしく思う心はやはり。その何故ここに、己の魂を置くかという皆の、それぞれの意味合いがあるのでの。不満とかそのようなことは誰も小坂家の先祖は持っておらん。そのようにしてもらったことに感謝の念は持っておるがの。しかし、懐かしく思う気持ちは、これは残っておるのでの。事があればじゃ、わざわざでなくとも古き、懐かしき土地に少し顔を出すのも、また、これも良い事であろう。そして、新しき所に置かれた先祖の者達は、皆の元気な姿を見ることを非常に楽しみにして居るということを、これは大師が皆の者に伝えておきたいことである。よく、ここまでこぎつけられ、また、よくあの険しき所の管理をされたものよのう。この者達の、労をねぎらってもらいたい。

補足……お大師様は、すべてお見通しです。兄夫婦が、これまでお墓（3カ所共、大変厳しい山の上にありました）を管理してきたことを褒めています。また、長の月日の落ち着き日、とは古いお墓のことを言っています。

お大師様：今までの苦労、必ずや心に、そして身体によき結果として現れるであろうからのう。皆の幸せを願って先祖はおるので、喜んでおるということを伝えておくということに致す。

補足……お大師様は、「必ずや、心に、身体に、いい結果として現れる」と話されています。また、ご先祖が子孫の幸せを願っているということが、良くわかります。

松井先生：有難う御座います。ご先祖様も、皆様の〝お墓を造られたこと〟に、ご不満としてはないように思われます。ましてまた、いま仰ったように〝思いはない人はない〟。わが故郷のありし土地は、いつまでも懐かしいものではありますが、今日も申し上げました〝世の移り変わりというものは、人間だけではできない問題〟ですが、それはこの墓を造られたことは立派、皆さん心を一つにされてなされました。

お大師様：この小坂家という者達の心根と申そうかのう、この思いたるやこれは非常に素晴らしきものであって、己の家系、己の生い立ちをただひたすら執着し、そして温存しようという心ではない者の集まりのように思う。非常に仏に近い心根を持った者が居って、その集まりに等しい者達であろうのう。故に、多くの仏や神が非常に近しき思いを持って眺めておるということも、これもまた珍しき家系であろうのう。非常に素晴らしき心根の家柄であろうのう。

補足……ご神仏が近しき思いを持って眺めてくれていることを初めて知りました。ご神仏は、すべてお見通しだということがわかります。また、非常に仏様に近い心根を持った者がいるということを知り、嬉しく思います。

松井先生：はい。これは誇りにしなければいけませんからね。良き家柄をさらにやっぱり子孫にもこういう家柄だよと伝えられるようにしなければ。

お大師様：この行いを決して吹聴したり、そして自慢話のようにしておらないところが、仏に近い心境を持った者達である。このような者が多くおれば世の中は平和になるのであるがのう。悲しいことに己の利益ばかりを考えておるものが非常に多い世の中で憂いておるわ。今日の良きこの日を忘れることなく、皆が、兄弟が団結して、そして励まし合って、そして家系のこの流れを誇りに思って日々暮らされるようにのう。大師は、しかと見届けて守っていくであろう。

補足……お大師様は「しかと見届け、守っていく」と仰っています。極めて稀な事であり、これほど有難いことはありません。お大師様を尊敬し、期待に応える生き方をすることが肝要です。

松井先生：有難う御座います。どうぞ宜しくお願い申し上げます。

お大師様：明るく、希望を持って、日々を暮らせられるようにのう。決して後ろを振り向くような、そのような愚かなことはせぬようにのう。前に進めば、灯りが皆の手の平にのる、このような道筋になっておるのでのう。また、生きていくということは、大師も多くの身を持って体験しておったが、至難の業である、生きていくということはのう。しかし、己の信念、しかと変えることなく生き続ける、持ち続けることによってこの小坂家は大いに発展するであろう。

何が発展かということであるがの、お金がどんどこ溜まり、そして名誉がバンバンつき、従うものがどんどこできて、これは名誉とは申せぬの。如何に、人間として生を受けてこの世に全うでき、そして人の道に反することなく、己の使命を全うし、確かに人は邪悪な心を、これは誰しも持っておるがの、その心に気づき、ただし、そして明るく希望に満ちた心を持ち続けて生きていく。口で言うのは簡単であるが、非常にこの世の中では難しいことであるがの。でも、ここの家系の者、人間というのは肉体を持って魂を持っておるが、しかし底の底のものは非常にきれいなものが流れておるでの。

その思いを持ち続けて、そして己の人生を全うして頂きたい。大師は、今日を機会に皆の心を一人一人見させて頂いた。よく、今日のこの日に皆が顔を合わせて、そして祝いの膳を囲まれた。よき、お目出度き日である。皆の今後の幸せ、発展を大師はしかと見届けていくからの。そのように伝えて頂きたい。ただ、小坂家の先祖、皆ほっと肩の荷を下ろして居るわ。子孫がこれほどまでに、しんどい思いをして守ってくれたことに、〝あーこれでやっと楽になったな〟という気持ちが、にこにこと微笑んでおる。

補足……お大師様は、人間としての生き方を教えてくれています。また、「私達一人一人の心を見させて頂いた」と言われています。また、人間は肉体と魂を持っている、と言っています。お大師様は、生きることは至難である、と言われています。

松井先生：心が一つになられたということは、素晴らしいことですからね。1つのことで、協力されて集まられた、この心が素晴らしい。

お大師様：親であり、先祖というものは、子孫の幸せをこの上もなく願い、そして見守っているものである。子孫が苦しい思いや、どうしようもない抜けられない状態にいることが見るに見かねる思いで見ておるのでな。我々のために時間を割き、そして苦しい修行に専念してくれた者に対して、申し訳ないという思いがあるのでな。大変喜んでおるわ。良き日であった。また、そなたも遠き所、よくこの地へ参られた。お付の者にも、しかとねぎらいをするようにのう。

松井先生：皆が無事で、そうして頑張って頂いたことはお陰様で御座います。お礼申し上げます。

お大師様：今日の日は、大師は分かっておったでの。皆に、少しでも(お役に立ちたい)という思いを持って、今日の日に臨んだことも、これも後日談として伝えておこう。よく、しかと、大師の心に届いておった。今日はご苦労であった。ゆるりと、身体を休められて、そしてまた明日からの、日々の修行にいそしまれるようにの。

松井先生：明日、最後のお墓がちょっと御座いますので、宜しくお願い申し上げます。有難う御座いました。

お大師様：身体をいとうようにの。ゆるりと休まれよ。

松井先生：どうぞ小坂家の皆様のご霊に宜しくお伝え賜りますよう、お願い申し上げます。

お大師様：ご無礼致す。

松井先生：有難う御座います。お忙しいところを、わざわざご来降賜りましたことを、心から感謝、御礼申し上げます。

❷母との対話

松井先生はご好意で、父か母か、何れ《いず》かを呼び私達と対話させてくれようとしました。その結果、母が木村先生のお身体に下がり、姉兄弟夫婦全員が話をすることができました。図4を参照しながらお読みいただければ、と思います。

母　：私が出る場所ではないのですが、よう皆集まってくれたのう。うれしいわ、うれしいわ、うれしいわ！　まあ、私がでしゃばって出る場所ではないのですが、非常にうれしくて出てまいりました。有難う御座いました。結構なところへ、有難う御座いました。わが息子達、娘達がよう集まってくれました。有難う御座いました。皆よくやってくれているのを、見ております。いろいろのことがありましたが、しかし、子供たちは立派に育ってくれました。私は、もう、息子、娘を誇りに思っています。

補足……「わが息子達、娘達」は、私達8人の夫婦をさしており、母が私達がいることを認識できていることを示しています。母は、まだこの世に出てこれない程度の霊位（低い階級）に居るようです。

松井先生：お大師様にお越し頂いて、今日は。

母：**そうなんです。それで、我々の先祖のために皆が知恵を絞って、大変な思いで今日の日を迎えたように思いますが、仏様の導きだと思っておりますし、また私の相方、よくやってくれまして、何にも心配しておりません。**

補足……私の相方、とは父のことをさしているようです。父も相当努力をしてくれた、ということになります。２０１３年10月29日超法輪にて、父は「お墓のことは、超法輪で十分に相談するように」と言いました。その他に、父は何をしたのか「?」です。新しい墓に移るように、ご先祖を説得してくれたのでしょうか。お墓の件などについて、母は「仏様の導き」と言っています。将《まさ》に、お大師様のお導きの結果であり感謝すべきです。自分達だけでやった、と考えるのは傲慢であり、仏様に失礼です。

松井先生：ご夫婦、すすんで、仲良くやってはるかしら?

補足……松井先生は、父とあの世で仲良くやっていますか、と質問しました。

母：**少し会いましたがな。会いましたが、修行の道がちょっと違うもので、〝今、そ**

れぞれに修行をしようか〃ということで、しております。皆、息子も年をいきまして、身体に気をつける年齢になりました。健康でいてくれること、夫婦が仲良くいってくれることを、これをただただ、私は力が御座いませんが、願っております。

補足……父とのことは、同じことを秋山の墓地跡で、木村先生が言っておられました。父は母の死後10年後に亡くなりましたが、あの世で会えたことがわかります。

松井先生：今どのような所にいらっしゃいますか？

母　：それがですね、ひじょーうに明るいのですが、ここという落ち着く場所はありませんが、非常にこの道は歩きにくくは御座いません。ただ、娘や息子のことを考え、そしてお大師様のお導きを信じて、ひたすらその先におられる仏様を信じて修行致しておりますので、何ら苦痛では御座いません。

補足……母は曹洞宗（お釈迦様）なのに、お大師様が導いてくれているのですね。何故、お大師様がお導きしてくれているかは不明です。母の修行の状況を聞き、私達全員が安堵したものと思います。

松井先生：お名前はわかりますか？

母　：私は、この息子、娘の母親で御座います。私は、すべてのヨロイとそれからすべての物は捨てて、ひたすらこの薄き衣一つで修業しております。何も、これという示すべきものは御座いません。

松井先生：お母様ね、ここにいらっしゃる方のお顔、全部お見えになりますか？　まだ、無理ですか？

母　：まだ無理です。

補足……霊的に成長すれば、私達の顔も判別できるようになるようです。

母　：私のお腹を痛めた子供達すべて、忘れることなどは御座いません。

松井先生：今、こういうお姿見えますか？　ちょっと見えませんか？　どうで御座いましょう。

母　：子供の姿で御座いますか？

松井先生：そうです、そうです。坊ちゃん、お嬢ちゃん。

母　：今、私は出てきておりますが、しかし子供の姿と言いましょうか、この魂と言いましょうか、その形として、人としての形として、これは長男だ、これは次男だ、こういうことはわかります。

松井先生：わかりますね。じゃあ、私がここで今日は皆さんのために計らいますから、

松井先生：まずご長男の方からお母さんの御手に触れさせて下さい。そしたらお姿も全部わかりますので。また、手を持ってはるのが自分のお母さんという感覚が出ると思いますから。

松井先生：（兄、英敏に）ここへ、来て頂いて。

補足――低い霊位の段階では、まだ明確に私達を見ることができないようです。手に触れると母が私達の姿がわかるようになる、ということを松井先生は知っています。凄いですね。ここでいう、母の手に触れるということは、木村先生の手に触れるということです。

母：**私に私の子供が触れられると仰るんで御座いますか？**

松井先生：そうです。ちょっとね、お兄さんの手でお母さんの手を触って下さい。お母さん、と言って。

兄、英敏：お母さん。

松井先生：お母ちゃん、わかりますか？

母：**大きいなったのう。なんでこないに大きくなったんじゃやなあ？　体、大丈夫かのう。**

英敏：大丈夫。

母：**お前は、今幸せか？　幸せか？**

英敏：大丈夫。
母　：私のことを覚えておるかの？
英敏：覚えているよ。
母　：何が一番うれしかった？
英敏：ちょっと、わからんねえ。
母　：わからんか。悲しきこと、あるかのう？
英敏：ない。
松井先生：でも、今日お母ちゃんと会えた実感が、後で出てくると思うんだけど。お母
　さんも、そうやなあ。
母　：よう頑張っておるがのう。なかようせえよ。
英敏：はい。
松井先生：お嫁さんと、なかようするのが一番いいな。
松井先生：手を持って、お名前いってあげて下さい。
姉・念子：念子です。
母　：おお！　念子か。よう元気でおるか？（感激した様子で）
松井先生：だんだん、思い出してきた。

母　：可愛い、可愛い、私の娘じゃ（感極まって）。**幸せにしてるか？**

念子：ええ、幸せです。

母　：そうかあ、ようでも可愛かったのう（感極まって）。**一人の姫じゃった。身体が少し痛んでおるか？**

念子：はい。ちょっとね。

補足……念子さんの身体が少し悪いことまでわかるのですね。

母　：どうしたことじゃなあ。

念子：また、お大師さんに助けて頂いておりますので、宜しくお願いします。

松井先生：これからや、いい信心するの。

補足……私達を助けてくれるのは、力のある先祖とご神仏です。先祖も大事にし、また、ご神仏も信心すべきです。

母　：私はなあ、力がそれほどないのでなあ。元気になる様に、修行の途中途中でお願いしてみるからな。

補足……母のような霊位の者でも、仏様にお願いすることができるようですね。母の愛情ですね。

念子：はい。宜しくお願いします。

母　：私のことを、覚えているか？

念子：はい、覚えているよ。料理がとっても上手だったよ。

母　：皆が喜んで食べてくれた。

念子：そう、いまだにね、孫がね、おばあちゃんの料理を食べたいと言っているよ。おばあちゃんの料理を作ってと言われるけど、私はそれと同じにできないから。

母　：喜んで、食べてくれた。

念子：はい、そうです、そうです。有難う、どうも、どうも。元気でね、また、宜しく頼みます。

母　：もう、いろいろ考えるでないからな。楽しく、日々を暮すように。困ったら、皆の力を借りて。女子には、できないことがあるからな。自分一人で、いろいろ思うことはないか？皆の力を借りるようにな。

松井先生：お母ちゃん、今度はご主人さん。

母　：この者、いつもお世話になっての、有難う。この者はなあ、なかなか素直に自分を出さん人でなあ、私も初めは〝これは、と思いましたがなあ〟。しかし、長の月日でこの者の心根が、ひじょーうに穏やかであることを知りました。損をしている男です。素直でないところが、非常に損をしております。それで、この娘は少し不満にも思っておりますがな。しかし、こちらから見れば、これは良い人と巡り合ったということになっております。
松井先生：結論的には良かったということじゃ。
母　：ここまで頑張ってきて、よくここまで年を重ねてきて、これからはもっともっと仲良く、いたわりあうことを覚えることが大事ですからね。
念子の夫、和三：わかりました。
母　：いたわりあって、お大師様もしっかり守っておられるので、このことを忘れずに仲良く、娘を頼みます。

補足……私は、お墓の整理の件も、松井先生のお陰もあり、お大師様が守ってくれているとずっと信じていました。母も、わかるのですね。幾つになっても、母は母、愛情を感じます。

和三：はい、わかりました。
母　：身体に気を付けて、宜しくお願い致します。有難う御座いました。
英敏の嫁、紘子：紘子です。嫁の紘子です。
母　：この人はのう(感極まって)、自分を抑制することはできませんのでのう。のびのびとした性格の人です。この人も、非常に屈託がなくて、面倒見が良いもので、皆から頼りにされて、しんどいところがあるんです。身体を心配しております。また、長男がのんびりしておりまして、皆なこの人に倒れ掛かっておりますので。それをこらえて頑張ってくれているのが、この方ですので対処してやって下さい。よくここまで私達の供養ごとをして頂いて、これほどお礼を言わんならん人はおりません。兄弟がたくさんおっても、この人に何倍も、何百倍もお礼を言いたいです。他の兄弟には申し訳ないが、ここまでしてくれた者はおりません。この方があってこその家で御座います。これほど感謝しています。長男がしかと、これからは守り、そして家庭のことを考えて引っ張ってもらわねば示しがつきません。この人のために、私は何があってもはせ参じて、役に立とうと思っております。少し、この人の性格ですが、言いたいことをいうてムッと思うものもいるでありましょうがの、心がきれいな真っ直ぐな方ですので、これはお大師様も見ておられて守って下さると思います。この人の幸せを、私は祈っております。有難う御座いました。

紘子：（感激して）お母さんに会えて、嬉しい—。

母　：よう頑張ってくれた、頼みます。小坂家の先祖をね、頼みますよ、宜しくお願い致します。

紘子：おばあちゃん、お世話になって本当にお礼を言いたいです。
母　：有難う御座いました。本当に、有難う御座いました。元気でね。身体に気を付けて、頼みます。
紘子：有難う、おばあちゃん。
弘道、洋子：お母さん、弘道です。洋子です。
母　：この度は、ようやってくれたのう。あんたが居なかったら、と思っておるがの。しかし、皆の心一つであったいうことは、しっかりと私は見ておったので、自分の力だけでこうなったとは思うでないよ。皆の兄弟の力が結果になったのでな。しかし、それを投げかけたのはお前であるから、これだけは、よき、小坂家にとって素晴らしき行いをしたということである。しかし皆の他の者が、心になかったわけではないのでな。そのことをしかと心にとどめ、そして兄弟手をとって仲良く、今日の日を機会にまた活気ある兄弟環境を築いていってほしい。
弘道：はい。
母　：いろいろと行動がとれるのは、お前であるからの。
弘道：はい。
母　：長男は、長男の悩み、思い、肩の荷の重さ、感じておる。それぞれに、個性とか、力、社会的なもの、いろいろと関わってきての、思うようにいかないことがあるかも知れぬがの。しかし、身軽に動けるのは、お前であるからの。

弘道：はい。

母　：頑張って、身体に気を付けての。末永く、家族全部が幸せに。兄弟仲良くいくように、影のかじ取りをして欲しい。

弘道：はい。

松井先生：奥さんも、よくやってくれてはるからね。

母　：良くやって頂いておる。二人三脚とは、このことであろうの。いつも感心しておる。よく弘道を立てて、そして陰で支えてくれております。しかと拝見しております。いつも心で、手を合わせております。このような機会があるとは夢知らず、驚きながら、これがほんとかなあという思いで本日は、何故かこのような機会に出会うことができました。これがほんとかなあと、今も信じられない思いです。しかし、これほど幸せなひと時は御座いません。弘道も、いろいろと良くやってくれました。あとは、自分の幸せをしかと考え、夫婦の幸せをしかと考え、日々を愉快に過ごしてほしい。小坂家の先祖を誇りに思うようにの。皆、素晴らしき人々の集まりであった。私は、それを誇りに思っておる。そのことを伝えたか否かは、今思いだせぬがの。しかし、このことだけは忘れずに、小坂家の誇り、先祖の素晴らしさ、これをまた子孫に伝えていってほしい。そのかじ取りは、そなたがすることである。

弘道：はい。

補足……お大師様は、昨年、小坂家のご先祖が国のため、世のために頑張ったなどと大変褒めてくれましたが、具体的な働きは不明であり、どう子孫に伝えていけばいいかよくわかりません。

母　：兄弟皆を上手に、立てることである。この意味がわかってくれるかどうかは、分からぬがの。母の願いである。ご苦労であった。

松井先生：これからも、また頑張って会いましょう。

母　：私は力がないので、まだまだ修行の身であるのでの。

弘道：じゃ、あの健三君と変わりますから。

補足……洋子は、感激して言葉が出ないようでした。

松井先生：お二人で、こちらにお越し下さい。お名前を、言ってあげて下さい。

母　：あまりゆっくりは、して居られぬ。もう行かないと。

弟の健三と妻、静子：健三です。静子です。

母　：どうしておったかの？　元気であったか？　幸せにしているか？
健三：幸せにしています。
母　：皆元気に、家族仲良くしているかな？　元気を出して、もっと元気を出してな、日々暮らすようにな。己の役目をしかと見つけて、金儲けじゃないということ。己がするべきこと、そしてそれを満足とすること、誇りと思えることを見つけて、日々送ってほしい。食べ物の好き嫌いは、あるのかの？

補足……己の役目を見つけて、と言っています。お大師様は、自分の使命、と表現しています（第8章参照）。母は、大変良いことを言ってくれています。

健三：いや、ありません。一切ないです。
母　：ない。いろいろと楽しく日々を送るようにの。
健三：楽しくやっています、毎日。
母　：兄弟に、なんか困れば相談すればいいからな。
健三：まあ、その必要はないと思います。
母　：そういうことはないとは思う。相談もして、仲良くすることである。
松井先生：一番大事なことやから。
母　：困ったことだけを話をするんじゃなくて、何事も交わって、話し合って、そして、それが仲良くすることである。困ったことだけを持っていくのは、得手勝手というものである。元気に暮らすようにの。楽しく暮らすようにの。

補足……人の魂の成長に関しては、他人は口出ししてはいけない、と言われていますので、兄弟としてどうすればいいか難しい課題です。

健三：楽しく暮らしています。
母：仲良く暮らすようにの。よく、今日はでも忙しい中を来てくれた。嬉しく思います。
健三：はい、有難う御座いました。
母：元気でな。
健三：ええ。
母：仲良く暮らせよ。
健三：はい。有難う御座いました。
松井先生：さあ、お疲れで御座いましょう。
母：疲れはないのですが、私、修行の最中で何事かに引っ張られた感じで、今日いま来ておりますので。
松井先生：そりゃそうや、修行中やから、びっくりしてはるんや。ここへなんで出て来たか、ということなんや。

母　：このようなことが、良いのか悪いのかが、今判断できません。
松井先生：これは、お大師様がされたことと思って下さい。
母　：これから急いで、また元の所に戻らなければ。子孫のために、頑張ってまいりますので、どうぞ宜しくお願い致します。本日は、有難う御座いました。
松井先生：いい行ができるように祈っております。お大師様にお願い致します、お母様がおめしで御座いました。どうぞ良きご修行の場に参られますように、宜しくお願い申し上げます。

補足……松井先生がお大師様に、母の修行のことを頼んでくれましたので、母の修行はよりスムースになり、近いうちに霊格も上がれると思います。松井先生の力は、凄いですから。

――松井先生が、数珠で輪を作り、真言を唱えながら――
「お母さん、ここのあかり（数珠の輪）の中をずーっと入っていって下さいよ。光を出たらお大師様の所ですから」
と言いました。

補足……木村先生が、数珠に頭を突っ込むようなしぐさをした。そして、母は、帰っていきました。何故、数珠の輪があかりなのか、あかりを抜けるとお大師様の所へ行けるのか、こういうことがわかる松井先生のお力の偉大さを感じます。

松井先生：お大師様に於かれましては、有難う御座いました。お母様の対面をゆるされましたことを、御礼申し上げます。お出ましになった、お母さんも突然のことで大変びっくりされたことと思います。ここに、まさか来ると思わなんだ。修行中になんでこうやって出てきたやろうと言うて。ということは、こっちからお願いしたわけなんですけど。**僕がお大師様に、どうしても今日はお母様にお会いできたら良いんじゃないかとお願いしたのが、こうなりました。お許らいは、お大師様**。だから、まあ良い所へこれからまた参るとか。まだ、今のところはね、**お母さんもちょっと、そうこういう良い所にいるというには、もうちょっと時間が掛りますけど**。今日のお力、これからまたお母さんのお役に立つと思います。まあ、これを信ずる信じないは、その人の心（の問題）。〝ほんまかいなあ〟と思う人と〝そんなあほなこと〟と思う人と、いや私は信じますと。しかしね、**そのうちにわかって参ります。人間死んで無になるんじゃないということがわかりましたら、今何**

せんな（しなければということが、その）うちにわかって参ります。人間死んで無になるんじゃないということがわかりましたら、今何せんな、ということがわかるんです。はい、今日のお集りの方、心をいつまでも兄弟仲良く助け合って、そして我が祖先の誇りとして、どうぞ生きていきたい（いただきたい）と思います。どうぞ、今日は良い日になりますように。

補足：i……母はまだ私達の所に出て来れない霊位だそうです。今回は、松井先生がお大師様にお願いしてくれたので、出て来れたそうです。

ii……出羽三山（月山・羽黒山・湯殿山）は、あの世と繋がる場所で、神様にお願いすれば、亡くなった人を連れてきてくれるそうです。

全員：（松井先生）有難う御座いました。

木村：なんかね、白いね、着物を着た方が出てこられていたんですよ。

松井先生：それは、お母さんや。お母さんが、この着物だけしとったんや（着ていました）。

木村：白い着物でね、スーと、何か静かに静かにきやはったんです。

松井先生：ほんとはね、お母様は今日は出してもらえないんです。もうちょっと掛かるんです。ぎりぎりで、出てはるんや、今。

木村：なんかねえ、それもシャーと来てはる。

松井先生：もうちょっと早く出ていただくならばね、お母さん出れない、しんどい。まず、耐えられない。

木村：私が、死にます。しんどい。

松井先生：**しんどいねん、代《だい》が**。お母さん、来られなかったら代が楽なんです。まだそこまでいってってはらへんけども、というても不成仏霊でうろうろしてはらへん。これはお母さんも言うてはる。これはのちにテープを聞いたらわかります。僕らは、言うところを聞いたら、このランクがわかるんです。

補足：i……霊界にいる霊はある程度ランクが上がらなければ、この世の人と会えないそうです。母は、この世の人と会えるギリギリのランクのようです。もうちょっと早く子供達に会いに来ていたとすれば、大変しんどく、この世に長くいることに耐えられないそうです。従って、木村先生もしんどい思いをした訳です。

ii……「代《だい》」とは、お大師様や母が下がってくるご身体のことで、今回は木村先生が代となってくれました。母は、喘息もちで、最後は心臓が駄目になり死にましたが、死んでも病状は残っているようです。それで、木村先生は、終わった後で、「息が止まるかと思った」、と言っていました。

iii……松井先生は、母のような祖霊の話を聞けば、その祖霊のランク（階級＝霊位）

がわかると言っています。祖霊には、階級があることがわかります。超法輪の信者のお母さんは２０１１年頃亡くなったそうですが、生前、松井先生から霊界の階層が92段あると聞いていたそうです。三回忌の供養の時にそのお母さんが出て来られ「現在29段にいます。こんなに良い所なら早く来れば良かった」と語ったそうです。この話は、霊界が階層世界であり、階層により環境や待遇が異なることの明確な証です。

弘道　：木村先生が、えらいめにあったわけですね。

松井先生：そりゃあ、しんどい。だから今時間があって(も)、体力が持たんから。お母さんも、それを知ってはったから、〝もう帰ります〟言いはったんや。お互いに、しんどいです。修行しないとわからない問題です。ほんまかいなあ、と思えばそれでお終いです。まあこれは本当に、人間て永遠に輪廻転生していくことがこれによって分かるんです。これはもう、お芝居やと思わないでね。

洋子　：いやあ、もう言い当てていましたわ。

松井先生：ほんでね、お母さんも、今言うてはったことはね、まだ僕はぴんと来んことがあるねん。例えば、言うてその通りになるには、もうちょっとお母さん修行がいるねん。心の見抜き方も、まだもうちょっとね。ある程度わかってはるけど。だから的を外れていることがちょこちょことあるねん。あ、お母さんそない言うてはるけどちょっと違うで、ということがあるとすれば、**まだ見抜く行までいってはらへんからね。**もうちょっと待って下さい。また何れかねお会いできる時は、お母さんも、もっと物凄い良く分かるな、となってきやはったら、お母さん修行を積んできてはる。

補足……松井先生は、お大師様のようにすべてを見通せる能力をお持ちですので、私達全員がどんな人間であるか、すべておわかりですし、母のレベルもわかります。従って、母が少し的外れなことを言えばわかるわけです。人の心の見抜き方の修行もあることがわかります。

全員：どうも有難う御座いました。

松井先生：今日は、皆さんお集まりになって、素晴らしい親孝行ですから。これからも仲良く、ひとつ頑張って下さい。

母は、1985年の12月に亡くなっています。母との対話は「あの世があること」のエビデンスです。また、母と話をして感じたことは、

①生きている時と同じ親子の感情を持っていること

②子供の健康と夫婦が仲良く暮らすことを願っていること

③感情（喜怒哀楽、感激などの）を持っていること
④私達の生活をすべて見ていること（あの世からこの世は良く見えるようです）
⑤お大師様の下で修業中であること
⑥霊としては、まだ低い階級であること
などです。

補足……母の死後28年以上経っていますが、母はまだ霊界の下の方の階層にいます。一方、超法輪の信者だった方は、僅か3回忌の段階で29段まで上がっています。この差は霊格の差にあります。すなわち、生前の霊格、故人の資質（性格、向上心、信仰心など）、子孫による先祖供養などによって霊格が異なることが考えられます。

4 弘道・洋子（妻）のお墓の確認作業

私達夫婦は、娘を嫁に出しましたので、今は夫婦二人となりました。年も取ってきたので、そろそろ自分達のお墓を考えなくてはいけないなぁ、と思っていましたところ、丁度いいと思われる「永代供養付の共同墓地」のチラシが目にとまりました。

超法輪に出かけた時に、松井先生とお弟子さん達にそのチラシを見ていただきました。その結果、松井先生もお弟子さん達も「あまり良い感じがしない」と言われたので、一度その墓地を見に来ていただくことにしました。

❶ 松井先生と木村先生による確認視察

2014年11月13日に、松井先生と木村先生にお越しいただいて、共同墓地（写真3）を見ていただきました。最初に共同墓地の内部を見ていただき、購入するとすればどの場所が良いか検討していただきました。図6は、共同墓地の内部の図です。真ん中に、大日如来様の座像があります。入り口以外の壁面には、骨壺を収納するように区分された棚が下から上までたくさんあります。松井先生に、最も好ましい方角と高さから、購入候補場所を決めていただきました。

❷お不動様との対話

次に、松井先生は、この墓地に問題がないか仏様に確認するためお祈りをしました。すると、お不動様が、木村先生の身体に降臨されました。以下は、お不動様との対話です。

お不動様：大きな意図はないのであるが、我がこの地を守っておる。何も心配いたすことはない。〝我がお仕えするのみ〟、そのように思っていただければ良いであろう。
松井先生：今この土地、問題はないように思われますが。
お不動様：この土地はのう、自然が多く、また自然の諸動物じゃのう、そのものが生息

写真３　共同墓地

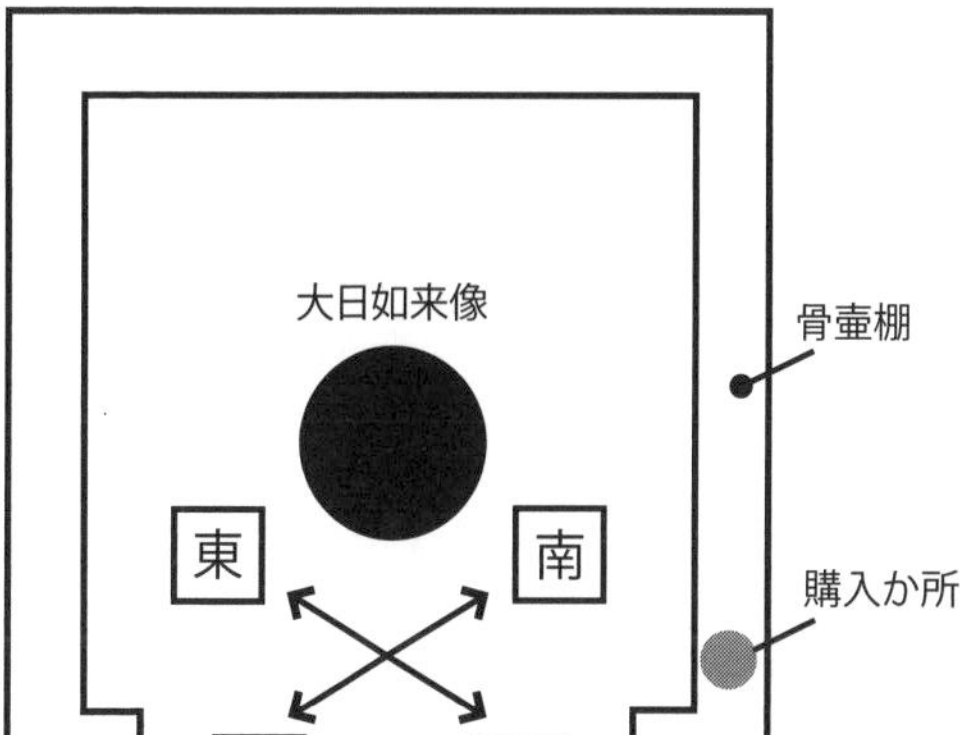

図６　共同墓地の内部図

しておる。非常に豊かな土地である。故に、そのものの魂を鎮め、そしてここに住まわる者達が安住できるべく我がその役目を果たしているのみである。今、この者(木村先生)に姿を少し見せたのは、そういった意味で深い意味はないのである。我がこの土地、そしてこの周りの物すべてを、どのように申すか、守ると言おうかの、余計なものが入らぬように守護していると言おうかの、そういったところである。大きな意図そのものはないのであるから、心せずとも良いのである。

松井先生：有難う御座います。これで邁進されると思いますが。また、今この場所を決めておりましたので。

お不動様：この土地にもともと住まわしモノ達、このモノが有っての今ということを、自然の中で生きているということを、忘れてもらってはいけないのである。

松井先生：はい、わかりまして御座います。

お不動様：多くのモノが己の生きる術を捨てて、そしてこの地を去らねばならぬモノもおるのである。そのことを心にとどめて、そして祀りごとをするのが良いであろう。

松井先生：はい、有難う御座います。

お不動様：他に大きな意図はない。

松井先生：小坂さん、何かご質問はありますか?

弘道　：特に問題はない、ということなんですね？

松井先生：開山するときにね、この山を切り開くときに問題があったのですよ。これはね、たくさん諸動物がいる。

お不動様：その通りじゃ。

松井先生：それが出た。その諸動物があって今があるということを知らなければいけないと、僕と一致した思うんですよ。ここに問題がある。この山そのものにたくさんの動物が住んでいたということですよ。それを、人間がわからずにパアッと開拓してしまうでしょ、それを忘れないでほしい。

お不動様：動物もじゃ。また地の中に居るモノもじゃ、すべてのモノがあっての今を感謝することである。そのように伝えたくて、今参ったのである。

松井先生：ここはお不動さんが守っているとのこと。

お不動様：余計な邪念をもったモノが入らぬように我が守護しておる。何も心を痛めることはないのである。感謝をして、そして祀りごとをするのが良いであろう。今日は、ご苦労であった。ご無礼致す。

補足……お墓も不成仏霊などのいろいろな邪念をもった者に入られることは良くないのですね。

松井先生：有難う御座いました。

松井先生：開山の時に対しましての多くの諸動物、また土地に住める動物も含めましてのご供養としましてのお礼と（今日の）お礼を申し上げます。良き浄土に押し進められませんことを。馬頭観音菩薩様、今回のことお力、おん願い奉ります。この場所、小坂様、宜しくお導き賜らんことを。今のお言葉で大変安堵いたしまして御座います。良き動きを賜りまして、この中に眠れる、各ご霊様のよき浄土に導かれんことを、おん願い奉ります。

松井先生：（中に坐している大日如来の）開眼は間違っていない。ここを守るためにお不動さんがいるぞ、ということを示すために現れたんです。

補足……大日如来様の開眼が不十分な場合、松井先生に再度開眼して頂こうと思っていましたが、開眼はキッチリされているということなので安心しました。

木村：大日さんは、どんとしてはって、お不動さんがそういうややこしいのを守っている。

松井先生：開山の時にいろいろ問題があったが、その低い霊がここに入らないように守っている。**この場所は、最高である。**

補足……確認していただいた結果、最高の場所であることがわかりましたので、これで安心して購入できます。販売業者の方も大変喜んでいました。

松井先生：東北と西南は鬼門のすじなんですよ。そこには入れば落ち着かない（先祖さんが）。

この後またお墓の中に入り、適切な場所についていろいろ話し合い、教えていただきました。

松井先生：大日如来については、今へんな開眼をしない方が良い。お不動さんが守っているので、このままにしておきましょう。変な霊的なものは見えなかったし、大丈夫。お不動さんが守っているので、これ以上のことはない。お不動さんは強烈です。変な霊が入らぬように守っている。

木村：きっとね、これを建てた業者もお寺さんも、全部が良いものを持っている。それでお不動さんが守っている。悪徳業者ならそんなことはないです。

松井先生は、この山の諸動物を供養し、参加者の幸せを祈念してくれました。

5 天照皇大神様と荒神様のお迎え

日本は、古来より神様がお守りしてきた国であり、神棚を置き、日々感謝の念を捧げるのは、日本人として当たり前のことであるとの話を聞き、我が家にも神様をお迎えすることにしました。それで、松井先生にお願いし、仏様に「どの神様にお越しいただけるか聞いていただくことにしました。２０１５年2月15日に超法輪に伺い、仏様にお伺いし、お伺いした神様を用意しておいたお社にお入りいただくことをしていただきました。

❶お大師様との対話

松井先生がお大師様をお呼びになり、木村先生の御身体に、お大師様が降臨されました。

お大師様：良き心がけで参られたの。大師である。
松井先生：お大師様、有難う御座います。
お大師様：今日は目出度き、良き日であるの。
補足……今日はお釈迦様の涅槃会の日でした。
松井先生：はい。有難うさまで御座います、小坂家にとって今日は。
お大師様：この者、ただいま参っておるが、非常に宇宙、しいては太陽との因が大変に深い者と見受けるの。世の中に物を育み、そして育て、そして世の中のためになるべき行いを勤めたき心が非常に溢れておる。太陽が物を育て、はぐくむが如きであるの。よって、この者が迎えし神というものを所望しておるがの。迷わず、何も差し障りなき神、〝天照大神〟であるの。この者をつかわそう、心に念じて、そして朝に夕なに願いを届けるが良い。大変に温かき光が差し込むであろう。それとである、この者、太陽と縁があると申したがの、非常に私如きであるが大師との縁も非常に結ばれておる。このことを忘れていただかないように、しかと伝えておくように。
補足……この者とは、私のことです。お大師様は、天照大神様を、「つかわそう」と仰っています。お大師様とどのようなご縁があるか不明ですが、嬉しいことです。

松井先生：はい、わかりまして御座います。

お大師様：それとである、この者が住まいとしている土地であるが、大変良き土地であろうの。風光明媚であろう。しかしじゃ、この者が住まわっておる地球と申そうかの、この地球のここの部分は非常に水気が多い所であるの。水気と言おうかの、川ではないのであるが、水分が豊富にあるところであると見受ける。よってじゃ、この者の住まいとして居る、昔で言えば竈《かまど》であるな、竈に竈の神を設置するが良い。

補足……ご指摘の通り、我が家は、風光明媚ですが水気の多い土地です。

松井先生：竈の神様？

お大師様：左様じゃや。竈の神を設置するということは、おいそれと祀りごとをするというわけではないのである。非常に心して、礼を尽くして、敬って祀りごとをせねば、この竈の神(に)は力を発揮してもらえないのである。この竈の神を、手厚く祀ることにより、この者の家系に幸せを呼ぶであろう。

松井先生：はい。

お大師様：今そなたは、竈の神は何に関係するかという疑問を持っておるであろうが、この竈の神は、土地の神でもある、ということである。この土地からくる災いを受けぬようにという意味を含んでおるのである。非常に、語れば複雑で長いことにはなるが、竈の神を手厚く祀ることによって、この家の幸せが舞い込むであろう。そして、この者に今後大きな、ご褒美という訳ではないがの、幸せが舞い込むであろう。

補足……竈の神様をお祀りすることにより、小坂家と弘道に幸せが舞い込むと仰っています。ご神仏を真剣にお祀りさせていただくことにより、ご利益をいただくことができるという例です。また、すべてのご神仏は、それぞれに役割を持っていらっしゃいます。

松井先生：はい。

お大師様：太陽と、そして人の道を外れぬ心意気で持って、難儀なことにも立ち向かうエネルギーが出て来るであろう。そのように致すが良いであろう。

松井先生：はい。まああの、竈の神様と申しますとお大師様、どのようなお名前の神様なのか、ちょっとあいわかりませんが、如何で御座いますでしょうか？

お大師様：竈の神は、いわゆる、皆が祀りごとをして居るのは、〝三宝荒神〟と言おうかの。

松井先生：ああ、なるほど、なるほど。

お大師様：そのような祀りごとをして居る。この三宝荒神というものを、よく理解すると我が言っておる意味合いが分かるであろう。
松井先生：はい、わかりまして御座います。
お大師様：ただ食べ物、そういった物を司る神ではないということである。土地を守る神でもあるということである。この神を祀ることによって、おろそかにはできぬ、おろそかにはできぬ。おろそかにすることによって、災いも生じるかもしれぬ。
松井先生：はい。
お大師様：故に、おろそかにはできぬが、普通に祀りごとをすれば良いのである。
松井先生：ではここで、ご入魂さしていただく場合には、三宝荒神様としてご入魂さして――。
お大師様：いやいや、そうではない。ここの神棚としてのあるじが行うこの日々の行は、天照。
松井先生：天照様？
お大師様：左様である。それとは別に、竈の神を祀られると良いであろう。
松井先生：はい、はい。
お大師様：この社に入れるという訳ではない。
松井先生：あー、わかりました。この社に天照様でよろしいでしょうか？

お大師様：それが良いであろう。この者との非常に縁があると言おうか、ご縁があると言おうか、波長が合うと言おうか、そういったものであるからそれが良いであろう。

松井先生：はい、わかりまして御座います。

補足……今日用意していた社は一社の社でした。お大師様は、その社には天照様をお祀りし、荒神様は別途社を購入しお祀りしなさいと言っています。

お大師様：また、日本の国としての祖神でもあるから、これはその神との縁が深いということを、非常に有難き、珍しきことであるからの。

補足……天照様をお迎えできる人(家)は滅多にいないそうです。有難いことです。

松井先生：はい、承知致しまして御座います。

お大師様：喜びを持って、祀りごとをするが良いであろう。

松井先生：はい、早速そのように。じゃあ、さして頂きますので。

お大師様：竈の神は、これはまたどのように祀りごとをするべきか、そなたが指導するが良い。

補足……お大師様は、指導してあげなさい、と細かいことまでご配慮してくれています。

松井先生：はい、わかりました。考えさして頂きます。

お大師様：良きに計らい、そしてこれから家族が健康で、幸せで、日々が暮らせるようにな、心を一つにして、日々の行いをすることである。
松井先生：はい、有難うさまで御座います。
お大師様：ご無礼致す。
松井先生：はい、ご指導の程心より御礼申し上げます。有難うさまで御座います。

お大師様がお話をされている時に、不思議な現象が起こりました。私と妻は「長椅子」に腰かけて聞いていたのですが、荒神様のお話がでたあたりで、妻が下の絨毯に倒れ込んだのです。

松井先生やお弟子さんは、
「天照様も荒神様も来ておられ、荒神様が妻に頭を下げなさい！と作用したのだと思います」
と言われました。ご神仏が人間に作用するのを見たのは、これが2回目です。

天照様も荒神様も、今日お大師様がお話される内容をすでにご存じで来て下さっていたのです。

❷天照様のご入魂と天照様のお言葉

天照様をお迎えさしていただくことが決まりましたので、次に、ご神体に天照様の御霊を入魂していただきました。

一度入魂していただくと、生涯ご神体に御霊がいらっしゃいますので、お札のように年に一回交換するようなことは不要だそうです。また、天照様のお言葉を松井先生がお話してくれました。

松井先生：謹上再拝、謹上再拝。おん願い奉る、願い奉る、願い奉る。真言宗超法輪松井光輪で御座います。平素は人かたならぬ天照皇大神のご尽力を賜り、心より御礼申し上げます。世界の平和、日本国の安泰、また、今回は小坂家の栄《さかえ》まさんことを願い、ここにお迎え申し上げるしだいで御座います。天照皇大神様のご協力と、また、後程〝竈の神といたしまして三宝荒神様〟をお祀りする所存で御座いますれば、まずは、天照(様)のお住まい賜りまして小坂家をお守り下さいますように、できますればまた、お仕事の方の繁栄とまずは健康・安全促成の程をどうぞ宜しくお願い申し上げまして、どうぞお心頂戴賜りましておん願い奉る。有難う御座います。

松井先生：天照皇大神、天照皇大神、天照皇大神。松井光輪、慎んでおん願い奉る。天天照皇大神、天照皇大神、天照皇大神。平成27年2月吉日としまして、お迎え申し上げます。宜しくお願い奉る。

補足……伊勢神宮では天照皇大神、『古事記』では天照大御神、『日本書紀』では天照大神と称されています。この他の称し方もあります。この章では、天照皇大神と称しています。

――時間が数分経って、天照様がお話しされました――

天照様：今日、このお大師様の超法輪、この場所をお借り申し、私がここに参ったことは誠に意義あることであります。改めて、小坂家にお力を貸すと同時に、我が日本の国、併せて又、お大師様の仏神両体のお力をここで発揮し、我が国・世界、また、小坂家の繁栄を心から願うものであります。良き日にご縁が付いたことを喜びといたします。一同の皆様、お礼申し上げます。有難うさまで御座います。

補足……超法輪はお大師様をご本尊とし、松井先生はお大師様のお弟子です。それで、天照様は、「お大師様の超法輪」と言っています。

松井先生：天照皇大神、天照皇大神、天照皇大神。お静まり、お静まり賜ります様に。有難うさまで御座います。行く末久しくお鎮まり下さいますよう。平成27年2月吉日を持ちまして、お願い申し上げます。有難うさまで御座います。有難う存じ

写真４　天照様のお社

写真５　荒神様のお社

あげます。

補足……神様のご入魂を初めてみました。こうして天照様の御霊を入魂して頂きました。

松井先生：この人（天照様）は国神やからね、ちょっと桁が違うわ。こんなん、直々来てくれはって、入るということはないですよ。

補足……お大師様は、生前より多くの神様とも交流がありました。お大師様と交流のある神様は、日本全国にいらっしゃいます。お大師様は、神々と最も交流のある如来です。高野山を仏の聖地とするために、高野山を取り巻く神々にお会いになり、仏の聖地を作ることをお話し、神々に許可を頂き、聖地を守ってくれるようにお願いしたそうです。お大師様と天照様とは、大変関係が強いようです。

天照様のお社には、しめ縄を飾っています（写真4）。

仏様（お仏壇）と神様をお迎えさせていただいて感じたことは、「整えるべきことができた」という安ど感と満足感です。やはり、お仏壇と神棚は整えるべきだと思います。

第4章 神様と仏様について

1 神様と仏様について

神様については、『古事記』では「天地《あめつち》初めて発《ひら》けし時」、すなわち天と地ができ上がった時に、最初の神様、天之御中主神様《あめのみなかぬしのみこと》が高天原《たかまがはら》というところにお生まれになりました、と書かれています。そして、天之御中主神様に続き、次々と神様が生まれてきます。もちろん、天之御中主神様やそれから誕生した天地開闢の神々の時代には、日本はまだ存在していませんでした。

補足……高天原とは、天津神《あまつかみ》が住む天上界のことです。

『古事記』では、イザナギ、イザナミの神様が日本を作ったとされています。日本に神々が降りたつ時に、最初に天から降りた場所は、熊野の山々だそうです。第2章で紹介した桜井識子さんは、そのイメージを熊野の神様に見せてもらったそうです。

それによれば、一本の太い光の柱が天から熊野地方に降りて、熊野の地に着いた瞬間、それはいくつかに分散し、日本の各地に散りました。その分散した光が、各地に着いた瞬間にまた分散します。その分散が3回行われました。それで日本各地の隅々まで神様が行き渡ったようです(これは、山岳系の神様)。

映像は川面に石を投げた時のような感じで、ポンポンポンと弧を描いて(その弧が半円くらい大きい)散る感じです。3回分散していますが、それは同時に起こっています。一瞬のことです。何故、熊野に降りたのかという疑問があると思いますが、その当時富士山はまだできていなかったそうです。

日本が元寇《げんこう》のように異国から攻められた時、この国を守ったのは熊野の神様のようです。そういう大きなことを、古代からされている神様です。ですから、力のある方が熊野地方を見ると、山の活気が全く違うそうです。

「熊野は密度が濃い、生き生きとしている」と言っています。そのようなことが、お大師様が高野山を開かれた理由の中の一つに入っていると思われます。

富士山ができたのは、数万年前です。一方、山岳系の神様が日本に降臨したのは、数十万年~数百万年前の大昔のことのようです。山岳系の神様の波動は、平野部の神様の波動より高いそうです。ただ、天部や平野部の神様でも天照大御神様や大国主命様などは山岳系の神様同様に大変波動が高いそうです。天部の神様は、天照大御神様がお孫さんにあたる邇邇芸命《ニニギノミコト》様に日本列島を治めるように下命し、日向国の高千穂峰に天降《あまくだ》ります。これがすなわち、天孫降臨、の始まりだとされています。これは、縄文時代から弥生時代の頃ではないかと考えられています。従って、山岳系の神様より遥かに後のことと言えます。

補足……ニニギノミコトは、『古事記』では邇邇芸命と表記され、『日本書紀』では瓊瓊杵尊と表記されています。

神様や仏様の本質は強い光のエネルギー体であり大変高い波動を持っている霊的な存在です。その根源体は宇宙にあり、その根源体から派生したエネルギー体(分霊)が神様であり、仏様であると言えます。縄文時代か弥生時代か、さらにその後の時代かはわかりませんが、人間に知恵がついてきて進化して、神の存在を気づく者が現れるようになり、そうした人間がいろいろな神様の名前を考えたのではないかと思われています。

事実、天照大御神様などは、『古事記』などに記載されている名前であり、その名前で現存します。神様は、今でも新たに誕生していますが、一般的にはどなたかによって名前が付けられ、役割が与えられているようです。松井先生は、新たに神様になった方に名前を付けてあげたことがあるそうです。

仏教は538年頃(または552年)から、日本に入ってき始め、平安時代から鎌倉時代に全体ができ上がったと言えます。ですから、それまでは「自然や日本や人間を守ってくれていたのは神様である」と言えます。

強い光のエネルギー体であり大変高い波動を持っている霊的な存在という意味では、仏様も神様も同じですが、両者の異なる点はいくつかあります。

まず第一に「仏教を修しているか、否か」という違いがあります。さらに、如来は悟りを得ています。すなわち、心の迷いが解けて真理を会得しています。

仏様も神様も、自然仏・自然神と人格仏・人格神が存在します。

前者は、この世に生を受けていないご神仏で、後者は人間として生まれご神仏になった方です。例えば、お不動様は自然仏で、天照大御神様は自然神です。そして、お釈迦様やお大師様は人格仏で菅原道真様などは人格神です。

宇宙は、大日如来様という仏様であり、ご自身で仏様の代表である、と言っています。大日如来様は、この宇宙の絶大な力を有しており、また、命の源でもあります。宇宙が無ければ、仏も神も人間も人霊も動植物も、存在しえません。

神様は日本の自然や国を守るためのいろいろなお働き、すなわち、この現実の世界を守る、スムースに機能させるようなお働きを主としておられます。

仏様に関しては、神様とタイアップして私達を守るお働きや神様の指導などに加え、あちらの世界の管理もされています。

死んだ人の面倒をみるのもその一環であり、見えない世界の方を正常に機能させる、そこで人間（人霊）などを守ることをされています。

悪霊とか悪魔の軍団とか、それは人が死んで幽霊になったような弱い悪霊ではなく、地球上にいる波動の悪い強力な奴らと戦う、それらのものから人間や生物を守る、といったお仕事もされていますし、生きている人間の精神面、心を救うといったお仕事も仏様の方です。

神様と仏様では、このようにして主にしている仕事の受け持ちが違うのです。


補足……仏様は神様が本来持っている力を発揮させるようにしたり、ということも行っています。仏様は、より大局的見地から全体を見ていることがわかります。あちらの世界の管理につきましては、一度亡き母と話をした時に、母は「お大師様の下で修業に励んでいる」と言っていました。（第3章参照）

私は、人間により近い存在が神様であると思っています。

従って、神様にはさまざまな性格を持った神様がいらっしゃいます。例えば、穢《けが》れていても我慢して「**良く来た**」と言って会って下さる神様もいれば、絶対に神社に入れてくれない神様もいます。

また、無口で生真面目な神様や気難しい神様などもいらっしゃって、本当に人間に近い側面もお持ちです。仏様は、より深く包み込んでくれるような存在です。

補足……神様は穢れが大変苦手です。

多くの皆さんは、「神様と仏様ではどちらが偉いのか？」という疑問をお持ちのことと思います。

仏教は6世紀の中頃、日本に入ってきました。それまでは、すべて神様が日本をお守りしていてくれたのです。従って、神様もプライドがあり、仏教が入ってきたときには、何らかの混乱があったことは考えられます。

しかし、第2章の中村和尚の項でご紹介しましたように、八幡様のように神様が出家されて、仏教を護るために活動された例もあります。

明神様は威光を増すために、お経を聞かせてほしいと申し出られました。

むしろ仏教徒と呼ばれたいと、本籍まで変えられたのは権現様です。

烏《う》枢《す》沙《さ》摩《ま》明王《みょうおう》様は、2015年は神様の指導のお役目を頂いた、と言っています。

これまでの天皇の多くは神様になっています。ある時、それらの神様になっている天皇がたくさん私達の世界に降りて来られた(神界から人間界に来られた)ことがあります。その時、神になられていた天皇のお一人(1柱)が、天皇(神)がたくさん(我々の世界に)来られたのは、大日如来様のお許らい（許可を得たから）ですと言っています。
すなわち、神様によっては、大日如来様の許可がなければ、私達の世界に来ることができないということのようです。
また、仏界は神界より一段上にあるそうです。ですから、仏界から神界には自由に行けるそうですが、神界から仏界へ行けないそうです。ですから、お寺は神様にとって、敷居が高く安易に訪問しにくい場所だそうです。以上のことから、仏様と神様の関係が理解できると思います。

補足 i……神様と仏様をこうして評価することは、意味のないことで、不遜なことだと思います。松井光輪先生は「神も仏も同じであると確信した」と言われています。霊界も上の階級からは、下に行けますが、逆は駄目だそうです。なお、権現様については、仏様が神の形をとって現れたものとの見解もあります。

ii……ご神仏は、現界におられるご神仏と神界と仏界におられるご神仏がいます。神界や仏界におられるご神仏は現界に時々来られるご神仏と全く現界に来られないご神仏がいらっしゃいます。ある仏様は、過去数十年の間に、人の質が悪くなり魂のレベルが落ちていることを指摘されています。これは大変由々しき問題であり、日本人全員が早急に対処すべき問題です。

ご神仏の誕生については、人格神（例えば、卑弥呼様、昭和天皇様、菅原道真様、楠正成様など）と人格仏（例えば、お釈迦様、お大師様などの日本の宗教の開祖、聖徳太子様など）の誕生につきましては、第8章に記すように、それらの方々が所定の神格、仏格になられたので、神様や仏様として誕生したということなので明白です。

自然神や自然仏については、現在判明しており、祀られている神様や仏様にマッチする特性やお力などを持った存在（み霊）が、古代から多く存在していました。

自然神については、上述の山岳系の神様のように天から神のみ霊が降りたち分霊し山岳系の神様になりましたが、人間は遥か後になってその存在に気づき、名前を付けお祀りしたのです。

山岳系の神様が降りたってから暫くの後、人間が増えるに従い平野部には、多くの諸々の種類の神様が出現しました。それらの神様の存在とそれぞれの神様の特性やお力に気づいた人間は、それぞれの神様の名前を付け、お祀りし、神様の守護分野（漁業、農業、工業など）に対応する御礼行事（祭りごと）を考えたのです。

自然仏につきましては、例えば、人間の要望として「医薬を司るような仏様が欲しいとして、薬師如来様として仏像を作り、祀った」とすれば、医薬に長じた存在が薬師如来様という仏様になった、ということになります。

不動明王様は最も馴染みの深い自然仏ですが明王ですので、修行が進み格が上がると上の世界（上の世界、例えば菩薩界に）に移動し、替わりに下から、不動明王様を務めることができる特性とお力を持った存在が上がってきて、新たな不動明王様になります。

このように自然仏（仏尊＝天部、明王、菩薩）は、名前は変わりませんが、時々中身が入れ替わることもあります。

2　諸々の仏様とお働き

仏様の世界には、ランクの高い順に、「如来、菩薩、明王、天・その他」の4つのランクがあります。

如来とは、悟りをひらいた者、解脱した者、真の仏様を意味します。如来には大日如来様を筆頭にして、釈迦如来様、阿弥陀如来様、薬師如来様などが最も良く知られている如来ですが、実はお大師様、聖徳太子様、日本の各宗派の開祖（法然上人様、親鸞聖人様、最澄様、道元様、日蓮様など）も、皆さん如来になっています。

すべてを（人間や神も含めて）取り仕切っているのは、大日如来様です。その下で、世界を管轄しているのは釈迦如来様、日本を管轄しているのはお大師様と言われています。

仏様の世界も階級世界です。同じ如来でも階級があるようです。そして、すべての仏様（如来＋仏尊）は神様と同様に、それぞれが役割を持っています。ご神仏のそれぞれの役割は、時により、また階級の変化に応じ、変動するとのことです。誰が、役割を決めているかは良くわかりませんが、縦社会になっているので、上級の者が下級の者の役割を決めるのではないかと思われます。

大日如来様は、人間の転生や寿命、人生、人霊の階級、地球の動植物の生存、ご神仏などのすべてをコントロールされています。如来の中で役割がわかりやすいのは薬師如来様です。万病を治し衣食を満たす現世利益の仏様です。

如来は、より全体的な見地から物事を見て、諸々の問題を解決する存在と言えます。

菩薩は、悟りを求める者と言われていますが、あえて菩薩の地位に留まり衆生を救済する仏と言う言い方もされます。地蔵菩薩様、弥勒《みろく》菩薩様、文殊《もんじゅ》菩薩様、観音菩薩様、聖観《しょうかん》音《のん》菩薩様、勢至《せいし》菩薩様、普賢《ふげん》菩薩様、日光《にっこう》菩薩様、月光《がっこう》菩薩様、虚空蔵《こくぞう》菩薩様、馬頭《ばとう》観音菩薩様などが良く知られています。如来を補佐する役割を有すると言えます。

弥勒菩薩様は、お釈迦様入滅後56億7000年後に現れ人々を救済する菩薩として知られています。文殊菩薩様は智慧の菩薩です。地蔵菩薩様は、無仏時代の救世主、虚空蔵菩薩様は記憶を司る菩薩、勢至菩薩様は幼児教育を司る菩薩です。観音様はあらゆる現世利益の願いを叶えてくれる菩薩です。

明王は、密教独特の仏尊で、大日如来様の命を受け、未だ仏教に帰依しない衆生を帰依させようとする役割を担った仏尊と言われています。最もなじみの深い明王は、お不動さんです。最も私達と関係が深く諸々のお働きをしてくれています。その他、降三世《ごうざんぜ》明王様、軍荼利《ぐんだり》明王様、大威徳《だいいとく》明王様、金剛夜叉《こんごうやしゃ》明王様、愛染《あいぜん》明王様、五大《ごだい》明王様、孔雀《くじゃく》明王様、烏枢沙摩明王様など。

補足……2016年の11月に、超法輪で大威徳明王様のお札を頂きました。紙に、大威徳明王様のご真言を書いて、和尚さんが念じ、お魂を入れてくれました。不思議なことに、そのお札に手をかざすと温かく感じました。大威徳明王様のエネルギーと思われます。お札を枕カバーの下に敷き寝ると、良い眠りが取れたり、うつ病などに良い効果が見込まれるそうです。

天部の神は、古いインドの神々など、仏教以外の神々が仏教に取り入れられ、仏法を守護するようになった神々のことです。良く知られている天部の仏尊としては、梵天様、帝釈天様、吉祥天様、弁財天様、鬼子母神様、四天王様(持国天、広目天、増長天、多聞天＝毘沙門天)、金剛力士様、十二神将様、大黒天様などが知られています。その他に、三宝荒神様、閻魔大王様、蔵王権現様などもいます。

仏様は、「天界文字」という人間界にない独特な文字をお使いです。天界文字には、一文字の中に広くて深い意味が含まれており、天界の人は、一瞬にしてその文字の意味することをご理解されるそうです。

図7の天界文字は、人の生きる道を表す文字だそうです。文殊菩薩様は、この字の意味を次のように教えておられます。


「人はこの世で生きているうちは、誰もがつまずいたり罪を犯すものである。あの世の高い場所へ達する道を辿る為には、そのつまずきの過程でさまざまに苦しみ悩む事になるが、それを糧として人格を高め、やがてご浄土してほしい。

つまずくたびに精進するなら、必ず霊界の高い位へ近づくことが出来る。そのつど現世での寿命は縮み、やがて世を去る日が来ることになるが、貯えた宝は、子孫に幸せをもたらす。選ばれた者は、そのゆえに苦難を与えられ、試練を授かって、その中から高尚な悟りに至るようにと、神仏から導かれている。

それは獅子の母が千尋の谷へあえて愛児を突き落として心根を鍛えるのに似ている。自分のこの世での役割を見つめ、労苦の数々もご神仏による運命であると悟って、次世での安心立命を信じ、しっかり現世での役目を果たし終えてほしい」（松井光輪『天からの贈りもの』中央文化出版）

図7　天界文字（松井光輪『天からの贈りもの』中央文化出版）

たった一字に、こんなに深い意味が含まれているとは驚きですね。**これは、私達の生き方と目的を明確に述べた大変重要な文章です。**

補足……つまずくたびに精進（修行）し、人格（霊格）を高めれば、必ず霊界の高い位に近づくことができると言っています。これは、人生の目的を意味しています。（第8章参照）

ご神仏は、絶えず私達に諸々のメッセージを発しています。

何人かの仏様の参考になるお言葉をご紹介します。

お釈迦様とお大師様は、天寿を全うすることの大切さを仰っています。

お不動様は、感謝の気持ちが大切であると仰っています。

また、お大師様は、「決して後ろを振り返ることなく、希望を持って前に進みなさい」と、立ち止まらず前に進むことの大切さを仰っています。

また、何人かの仏様が「誰も知らないが、ご神仏は、これまで多くの諸々の危機を回避、減少させてきた」と仰っています。如何に、ご神仏が私達を救ってくれているかが、ご理解いただけると思います。

3 諸々の神様とお働き

神様は、仏様のような明かな区分はありません。次ページの図8は神々の系譜の表現の一例です（異なった表現もあります）。これらの神々は、『古事記』や『日本書紀』に出て来る、いわば神話の神様です。

神話では、世界の最初に高天原に誕生した神は、天之御中主神様、高御産巣日神《たかみむすび》様、神産巣日神《かみむすび》様の3柱とされています。

次いで、国土が形成され海に浮かぶクラゲのようになった時に、宇摩志阿斯訶備比古遅《うましあしかびひこじ》神様と天之常立《あめのとこたち》神様の2柱が現れたとされています。

この5柱の神は、子供を産まず身を隠してしまい、これ以降、表立って神話に登場しませんが、根源的な影響力を持つ特別な神とされています。

そのため、別天津神《ことあまつかみ》と呼ばれます。

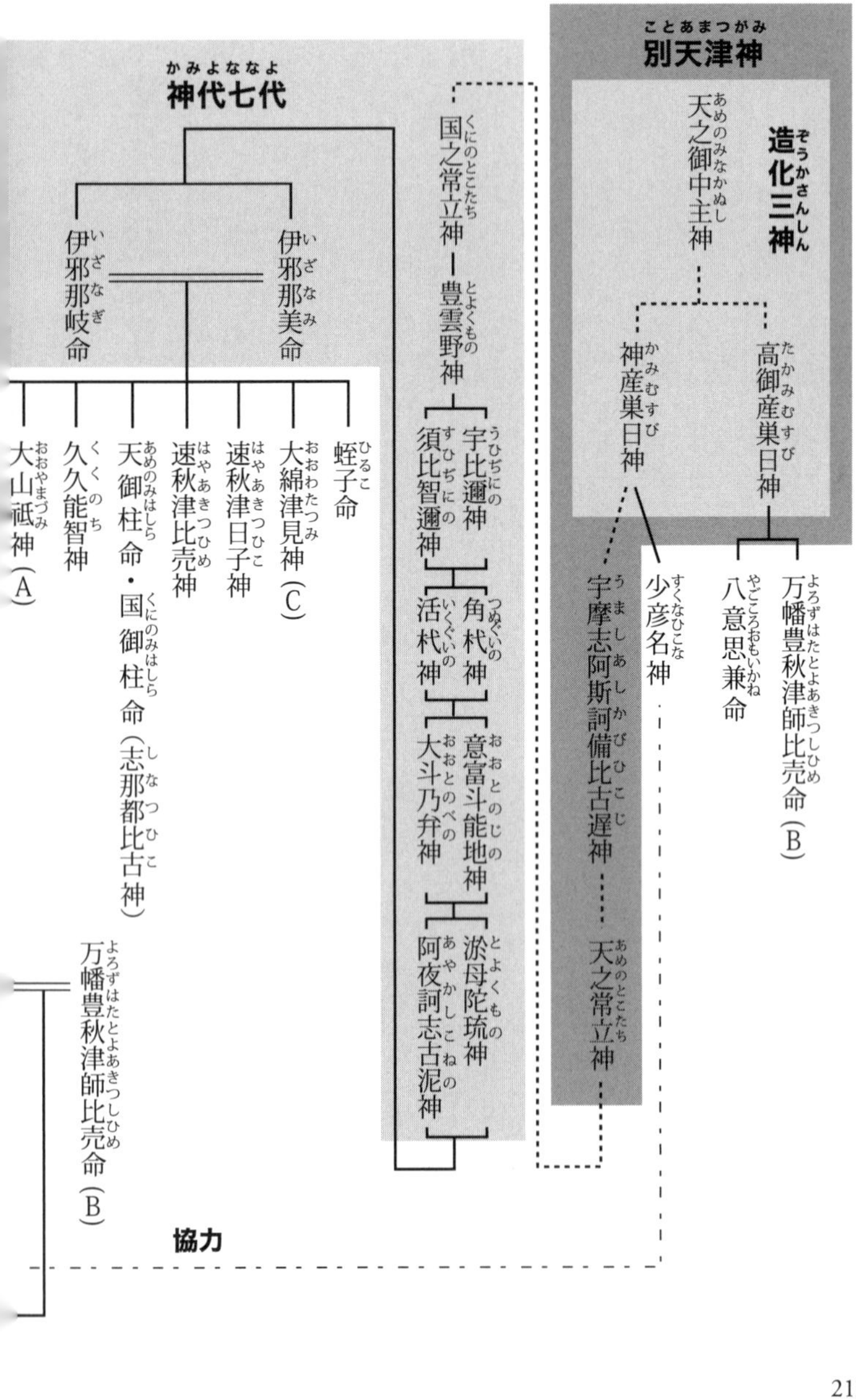
別天津神《ことあまつがみ》
造化三神《ぞうかさんしん》
天之御中主神《あめのみなかぬし》
高御産巣日神《たかみむすび》
神産巣日神《かみむすび》
万幡豊秋津師比売命《よろずはたとよあきつしひめ》(B)
八意思兼命《やごころおもいかね》
少彦名神《すくなひこな》
宇摩志阿斯訶備比古遅神《うましあしかびひこじ》
天之常立神《あめのとこたち》
神代七代《かみよななよ》
国之常立神《くにのとこたち》
豊雲野神《とよくもの》
宇比邇神《うひぢにの》
須比智邇神《すひぢにの》
角杙神《つぬぐいの》
活杙神《いくぐいの》
意富斗能地神《おおとのじの》
大斗乃弁神《おおとのべの》
淤母陀琉神《おもだるの》
阿夜訶志古泥神《あやかしこねの》
伊邪那美命《いざなみ》
伊邪那岐命《いざなぎ》
蛭子命《ひるこ》
大綿津見神《おおわたつみ》(C)
速秋津日子神《はやあきつひこ》
速秋津比売神《はやあきつひめ》
天御柱命《あめのみはしら》・国御柱命《くにのみはしら》(志那都比古神《しなつひこ》)
久久能智神《くくのち》
大山祇神《おおやまづみ》(A)
万幡豊秋津師比売命《よろずはたとよあきつしひめ》(B)
協力

図８　神様の系譜の図（戸部民夫『「日本の神様」がよくわかる本』PHP 文庫より）

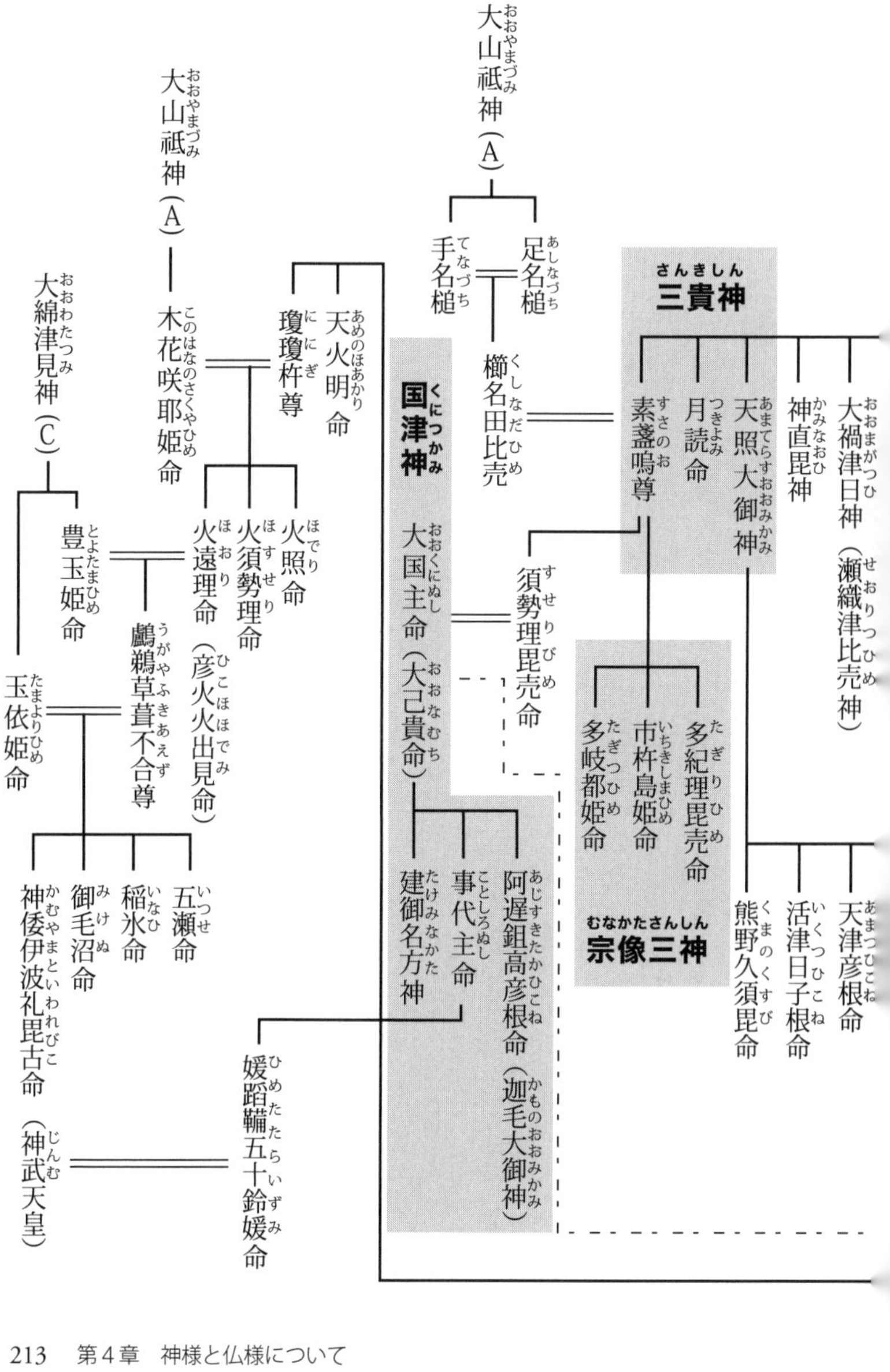

この中で、一番わかりにくい神様は、天之御中主神様です。天は宇宙、御中は真ん中、主は支配するといった意味で、文字通り宇宙の中心に在って、時間的にも空間的にも無限な宇宙そのものを体現する、宇宙の根源神といった意味を持っています。いうなれば、無と有の境目に現れた神様です。非常に抽象的で人間界と隔絶した感じがする神様です。大日如来様と似ていますが、大日如来様は大日如来様として存在します。

次いで、12柱七代の神、神世七代《かみよななよ》が現れます。すなわち、国之常立神様から伊邪那岐神・伊邪那美神様までの神です。

伊邪那岐神様と伊邪那美神様は日本を作り、神々を産みました。伊邪那美神様は迦具土神様を出産した際に火傷で死に黄泉《よみ》の国に行きます。伊邪那岐神様は会いに行きますが、変わり果てた姿を見て驚き逃げ帰ります。

黄泉の国から帰ってきた伊邪那岐神様は黄泉の穢《けが》れを落とした時に最後に生まれ落ちた3柱の神々、天照大御神様、月読命様、(建速《たけはや》)須佐之男《スサノオ》命(素戔嗚尊)様を三貴神《さんきしん》と言います。伊邪那岐神様が生んだ諸神の中で最も貴い神と言う意味です。

補足……スサノオノミコト様は、『古事記』では須佐之男命など、『日本書紀』では素戔嗚尊と表記されます。

伊邪那岐神様は天照大御神様に高天原を治めるように指示します。

天照大御神様は皇室の祖神で、日本民族の総氏神(総元締)とされています。

須佐之男命様は伊邪那美神様のいる根の国に行きたいと言って泣き続け、伊邪那岐神様に追放され、高天原に行き乱暴を働き、天照大御神様は天岩戸に隠れてしまいます。そのため、世の中は闇になりさまざまな禍が発生します。

そこで八百万の神が天の安河の川原に集まり対応を相談し、その結果、天照大御神様を岩戸から出すことに成功し、須佐之男命様に罪を償わせ、高天原から葦原中国《あしはらのなかつくに》に追放します。

高天原にいた神々は、葦原中国を治めていた須佐之男命様の子孫の大国主命様に国譲りを迫りました。その結果、国譲りの要求を受け入れ、その見返りに巨大な宮を建ててもらい、これが出雲大社の起源とされています。

そして、天照大御神様と高御産巣日神様は天忍《あめのおし》穂《ほ》耳《みみ》命様に葦原中国(日本)を治めるよう命じますが、天忍穂耳命様は、子供である邇邇芸命様を降ろすべきと言い、二神はそれを了解します。以上が、日本の国の統治(天孫降臨)までの神話です。

補足……天照大御神様は、太陽、光、慈愛、真実、秩序を象徴する最も貴い神様と言われています。従って、お隠れになることにより、世の中が闇の世界になった、とされています。

神話の神様が本当に存在するか、という疑問を持たれる方もいらっしゃると思います。しかし、現在でも桜井識子さんや松井光穂さんなどのようにご神仏と対話ができる方がいらっしゃいます。古代には、神を感じることができる人が、より多くいたと思われます。神様の名前は、そうした人たちが付けたのか、神様が伝えたのかは「?」です。ですから、神話に出て来る神様は存在したと思われます。

事実、ある霊能者の方には、天之御中主神様、国之常立《くにのとこたち》神様、伊邪那美神様、伊邪那岐神様、天照大御神様、大山祇《おおやまづみ》神様、須佐之男命様、邇邇芸命様、木花咲耶姫命様などなどの神々が御下がりになっておられます。

天照大御神様は、日本一の神であるとご自分で仰っています。

神様の分類としては、天津神《あまつかみ》と国津神《くにつかみ》という分類や、人格神と自然神といった分類、山岳系の神と平野部の神といった分類方法などがあります。

その他にも、宇宙生成・天地創造・生命起源の神様、聖母と純愛の女神、山・水・海に関する神様、農耕生産に関する神様、鉱・工業生産に関する神様、諸産業に関する神様、生活・文化・芸能に関する神様など諸々の分類もあります。

いずれにしても神様のトップに君臨するのは、天津神の代表としての天照大御神様ということになります。

そして、国津神の代表としての大国主命様が続かれると思われます。

そして、いろいろな「大神様」がそれに続く存在ということになると思われます。

日本全国に祀られている大神様としては、
お稲荷様、八幡様、お伊勢様・神明様、天神様、宗像・厳島社系、祇園様・天王様、お諏訪様、日枝(日吉)・山王・松尾社系、熊野社系、白山様、熱田社系、浅間様、鹿島様、愛宕様・秋葉様、金毘羅様、お多賀様、香取様、貴船社系、住吉様、大黒様・大社系、塩竈社系、賀茂社系、大鳥・鷲《おおとり》・白鳥社系、エビス様・西宮社系、三島社系などの大神様がいらっしゃいます。その他、地神様などもいらっしゃいます。

天照様や大国主命様や諸々の大神様は、種類が異なる神様だそうです。

山岳系の神様もまた、異なる種類の神様です。

山岳系の神様は、**動植物が生きるための自然環境を守る**といった、より全体的な仕事をされており、一方、天部や平野部の神様は**人間の営みに寄り添った仕事**をしています。山岳系の神様は、上空に上位の神様が数柱います。

それらの神様とコンタクトできる山(高山)が、日本に数カ所あります。

世界には多くの神様がいますが、日本は独特な神様世界になっていて、そのような神々がいる日本に生まれることは、幸運なことです。

日本の神様は、特出して慈悲の波動が強く、また、願いを聞き入れてくれるそうです（外国の神様も願いを聞き入れてくれますが、外国の人達はキリスト様などにはお願いをしますが、お力のある山岳系の神様や地神様には祠もなく、お願いをする人はほとんどいないそうです）。

天照大御神様は皇室の祖神として、現在は伊勢神宮に祀られていますが、昔は宮中で祀られていました。

それが崇神《すじん》天皇の時代に宮中を出られて、現在の伊勢に鎮座するまでに、各地を転々とし20カ所以上も遷座《せんざ》を繰り返し、いろいろな土地に行っています。

その時、一時的に祀られた場所が「元伊勢」と呼ばれています。その場所ですが、『日本書紀』やその他の文献に書かれているのは古代の地名なので、それが現代のどこを指すのかはわかっていません。

文献に記されている土地のほとんどには、何カ所か候補地があります。桜井識子さんは、その候補地のいくつかを訪ねて行っていますが、その多くの地で伊勢神宮の気と同じ気を感じたそうです。

補足……崇神天皇は、『古事記』や『日本書紀』に記される第10代天皇です。実在の可能性が見込める、初めての天皇であると言われています。

桜井さんは、神様の存在に関して次のように書かれています。

一度宇宙と一体化した感覚を持ったことがあります。キラキラ輝く星に混じって、銀河がゆっくり回転しているのが見え、〝すごいなー、美しいなー〟と見とれていると、その宇宙空間に神々の姿が浮かび上がって見えてきました。〝姿〟といっても〝光〟なのですが、その光が下からずゝ～と上空というか、彼方へと続いているのです。神々には、どうやら等級があるようでした。手前(下)から、高級になるにつれて、上へ上へ昇っていくみたいです。(桜井識子『ひっそりとスピリチュアルしています』ハート出版)

補足……ご神仏や人間の霊は「想念で身体を作り、着物を選び身に着けて」、姿を見せてくれます。あたかも実体のように見えますが、実体は「霊魂＝光」なのです。


私は、その通りだと思います。

すべての神様も仏様同様に、役割をお持ちです。

日本全体を自在に動きまわり、全体的な仕事をされているのは天照大御神様です。下部の神様の役割を天照大御神様が決めているか、上司に当たる神様が決めているか、あるいは仏様が決めているかは不明です。神々の役割も、一定の期間ごとに変わるようです。

神様の関わる仕事の対象は既述の通りです。また、自然界や人間の創造物に関わるお仕事と人間に関わるお仕事があるとも言えます。また、その地で守っている神様と、自由に動き回って役割を果たされている神様に分けることもできます。

私達が良く知っている神様は、大国主命様（縁結びの神）や恵比寿様（商売の神）、天神様、お伊勢様、お稲荷様、金毘羅様などです。また、荒神様や水神様、氏神様などもなじみの深い神様です。

地神様以外の神様の役割は、当然のことですが仏様の役割とオーバーラップしている部分が多いと思われます。何故なら、仏教が入ってくるまでは、すべて神様が役割を果たしてくれていたのですから。

神様は、上述の大神様のもとに少なくても年に一回集まり、会議を行っています。会議の議題は、大神様の種類（主たる役割）により、時代により、年により異なるようです。もちろん、山岳系の神様もどこかの山に集まり会議をしています。

神様の会議の根本議題は「日本の国をどのようにしたらいいか」ということのようです。山岳系や天照系以外の神様、いわゆる「国津神系の神様」は、昔は出雲神社に集まり会議をしていたそうです。その当時は、巨大な13階建てのビル一杯に神様が溢れていたそうです。７００年位前に、出雲系とその他の系列の大神様は、分かれて会議をするようになったそうです。

現代最も大きな神様の集まりは、出雲神社の「神在祭」です。日本全国の出雲系の神様が7階建ての巨大なビル（本殿の上にある霊的なビル）一杯に集まります。

神々は、それぞれの神格と波動でレベルが分かれているそうです。大国主命様は、どの階に何という神様がいるかすべてご存じだそうです。これだけの神様が集まると、密集した波動により、本殿が黄金に輝いて見えたり、本殿の上空は凄い（超強力な波動で見えない）ことになっているそうです。

図8に示す神々のほとんどは実在します。神々の表記は、『古事記』と『日本書紀』で少し異なる神々もいらっしゃいます。

国之常立神様（国常立神）は国祖であり、大本教の開祖、出口なおに降臨したことで有名です。

天照大御神様は、

「**そなた達人間が祈らずして、神は力が出せない**」

と仰っています。

これは、仏様にしても同じです。従って、私達は、できるだけ多くの人が、ご神仏に祈りを捧げる必要があります。

ご神仏の世界は、「自在に繋がっている」ようで、マリア様、アラーの神様、シバ神様などもよく日本に来られるようです。そして、大日如来様、お不動様、お大師様などと交流があるようです。

第5章

神社と寺院、神棚とお仏壇

1 神社の参拝の仕方

神社には一定の参拝の仕方があります。まず、鳥居をくぐるとその先は神域ですので、神域に入らせていただきますという(神様に敬意をはらう)意味で、軽く一礼します。

帽子をかぶっている人は、帽子を取って一礼します。そして参道の左側(または右側)を歩きます。参道の真ん中は、神様の通る所(正中と言います)ですので端を歩くのです。

歩きながら、自己紹介と参拝に来た理由(もし願い事があれば、願い事とその理由の説明)を心の中でお話しします。自己紹介は、○○の神様、私はどこそこ(住所)に住む、○○(氏名)と申します、と言います。お願いをしに来た理由の説明は、大変重要な部分です。例えば、何か資格試験に受かりたいとすれば、その資格を最初にとりたいと思ったのはどうしてか、その後何をどのように考えて試験を受けることになったのか、試験を受けるにあたってはどのような努力をしてきたのか、受かったらどうなるのか、落ちたらどうなるのか、その資格を持っている人はどんな人なのか、自分の将来にとってその資格はどうなのかなど、ありとあらゆることを事細かく説明した方が良いです。社殿の前でお話すると長くなり他の参拝客に迷惑をかけるから参道でするのです。自己紹介は、一度しておけば、神様はずっと覚えていらっしゃいますから、二回目以降は氏名とその日の参拝理由だけの説明でＯＫです。

手水舎で、手と口を清めます。まず、右手にひしゃくを持ち水を受け、左手を清め、次に左手に持ち替え右手を清め、再び右手に持ち替え左の掌で水を受けて口をすすぎ、左の掌を清めます、次にひしゃくを縦にして、手に持った部分を水で流し、元の位置に戻します。

社殿に進み、お賽銭箱の左側の立ち、そっと音がしないようにお賽銭をお賽銭箱の左端から入れます。金額はいくらでも良いのですが、お金を惜しむ心があってはいけません。次に、社殿の真ん中に進み、姿勢を正し、鈴を鳴らし神様にその存在をお知らせします。そして、二拝(90度位の角度で)し、二拍手します。拍手も神様の注意を喚起するために行うものです。そして、もう一回、心からお願いをします。最後に深く一拝します。帰りも参道の端を歩きます。鳥居をくぐったら、身体の向きを変え軽く一礼します。

参拝の作法を、二拝二拍手一拝としたのは明治以降だそうです。要するに、人間が勝手に決めた作法です。それ以前は、両段再拝といって、「二礼、祈念、二礼」で、拍手は適宜だったと言われています。出雲大社や宇佐八幡では、四拍手となっていますが、出雲大社の神様は、「**拍手は打てばそれでよい**」（桜井識子『神社仏閣 パワースポットで神さまとコンタクトしてきました』ハート出版）と言っています。

補足……参拝の仕方は、人間が勝手に決めたことであり、神様や仏様は真心を込めて参拝すれば、何も申しません。従って、私は、神社・神棚・お寺・仏壇、では「礼」で行っています。例えば、神社に参拝する時は、鳥居の下で一礼をし、二礼二拍手一礼をし、帰りに鳥居の下で一礼しています。礼と拝については、次項「お寺の参拝の仕方」を参照して下さい。

神社もお寺も同じですが、すべての人が願い事を聞き入れていただけるわけではありません。もちろん、自己紹介もしないで、いきなりお願いだけする人はご神仏も聞き届けようがないので論外です。自己紹介をし、お願いを真剣に、詳細にしたとしても、聞き届けていただける人は何割かです。一般的には自己利益の願いより、社会に貢献できるような願いの方が聞き届けてもらいやすいと言えます。ご神仏を信じていない人や心根が良くない人（低波動の人）なども、願いが聞き届けてもらえない可能性があります。いずれにしても、その判断は、ご神仏がなされることです。また、ご神仏は、得意・不得意の分野がありますから、願いにマッチした神様・仏様を選ぶべきです。神様は人間のように諸々の性格の神様がおり、神格(霊力)も異なりますので、霊力の強い、穏やかな性格の神様が望まれます。
神様は穢れが苦手です。ですから、手水舎で身を清めるのです。血も穢れなので、怪我をしたときや女性は出産後や月経時の参拝は控えた方が良いでしょう。怒らずに我慢して下さるかどうかは、神様の性格によります。また、神様は許してくれたとしても、ほとんどの眷属は許してくれません。また、犬などの動物(ペット)も一緒に連れて行ってはいけません。それらは獣ですので、特に眷属(霊力をもった神獣で獣ではない)が忌み嫌います。

補足……神様や眷属は、一瞥して、どうして月経時だとわかるのか不思議ですね。

また、喪中の参拝も控えるべきです。多くの神社(神道)は、死を穢れ(気枯れ)と考え「身内の死により悲しみで気力がなくなっている状態」と考えています。そして、「穢れは伝染する」と考えられており、参拝は良くないとされているのです。神道では50日が「忌《いみ》」の期間とされており、この期間は参拝を控えます。
それから、参拝時の供物ですが、お酒が一番無難です。蓋をとって、社殿の階段あたりに置きます。それから、参拝します。この順序は大事で、参拝してから、お供えしてはいけません。お供えは5~10分程度でOKです。お供えした物は、必ず持ち帰ります。稲荷神社の場合は、神様にはお酒で、眷属には油揚げなどをお供えします。また、願いが叶い、お礼参りをする場合は、一升瓶を二本位、神社の方を通してお供えしてもらえば良いと思います。

良縁祈願のお参りを（出雲大社などに）させていただくときのコツがあるそうです。意中の人がいる場合は、白い紙の短冊に筆文字で相手の名前を書き、赤い紙で包みます。それを、左の懐に忍ばせて（心臓に近い所が良い）お参りします。意中の人がいない場合は、白い紙の短冊に筆文字で大国主命と書き、赤い紙で包みます。それを、左の懐に忍ばせてお参りします。そうすると、たくさんの参拝者の中でも、気づいてもらえる様です。聞き入れてもらいやすくなるおまじないです。

神社を参拝する時間は「午前中がベスト」です。特に、山岳系の神社は、12時までに登った方が良いです。15時になると「気が変わる」ので、午後遅くの参拝は控えるべきです。

お正月には、初詣でに行かれる方も多いと思いますが、初詣では必ず元旦に氏神様（最も近の神社の神様）に参拝して下さい。天界の決まりとして、「元旦に参拝すれば、一年間氏神様に守っていただける」ことになっているそうです。参拝日は、元旦でないと駄目だそうです。もちろん、参拝する時には、住所、氏名を告げ、お願い事があればお願いをして下さい。

補足……神社やお寺によっては、神様や仏様が居ない（一時的または常時）場合があります。それは、私達にはわかりませんが、ご利益のあるなしなどで判断するしかないと思われます。

神様は人間により近い存在で、人との接触が苦手な神様や朗らかな神様やおおらかな神様や優しい神様といったように、いろいろな性格の神様がいます。また、神様によっては、波動やエネルギーや霊格が異なります。また、得意、不得意の分野もあります。

いわゆる、パワースポットと言われる高波動が充満している神社の一角にいると、その高波動のパワーをもらい、癒され、浄化され、細胞が活性化されます。ちょっとした病気などは、治ることもあります。後述のように、日本には約8万位の神社がありますので、高波動が充満している神社を探すことは、私達、一般の人には難しいと言えますが、出雲大社、伊勢神宮、伏見稲荷などの名だたる神社や山岳系の神社などは、高波動の充満している神社と言えます。

ただし、問題は、それらの神社のどこがパワースポットの場所であるかを知ることです(特に、山岳系の神社は場所の特定が難しい)。もちろん、そうした神社の神々は、私達の願いを優しく、聞き届けてくれます。何人かの霊能力のある人が、いろいろな神社を参拝した結果を本やブログで紹介されていますので、それらを参考にするといいと思います。

2 お寺の参拝の仕方

山門などのお寺の入り口で、一礼します。

そして、参道を歩いて行き、手水舎で身を清めます。

そして、本堂に行き、ローソク立てにローソクを立て火を付けます。

次に、線香に火を付けますが、ローソクから火をつける場合は、自分のローソクの火を使います。他人のローソクから火をつけると、その人の業をもらい受けることになると言われており、やってはいけないことになっています。お線香は一人2本をお線香たてに立てます。

四国八十八ヶ所のようなコースの設定されているお寺では、納め札というお札があり、表には参拝した日付・住所・氏名を記入し、裏面には祈願を書きます。本堂の前に納め札を入れる箱があり、そこに入れます。ちなみに、八十八ヶ所の場合は、納め札の色が参拝回数によって異なっています。いくつかの説がありますが、一例として、1～4回は白、5～7回は青、8～24回は赤、25～49回は銀、50～99回は金、100回以上は錦の色となっています。

お供物を供える場合は、本堂の置ける場所に供えます。仏様は和菓子が大好きです。

一礼し、神社と同じ要領でお賽銭を入れて、真ん中に進み鈴を鳴らします。

合掌しながら一礼して、お経を唱えたり、ご本尊の真言《しんごん》を唱えます。お経をご存じない方は、真言だけでもかまいません。通常、ご本尊の真言は本堂のどこかに書かれています。真言は、3回か7回唱えます。

そして、願い事があれば、祈願します。

最後に一礼します。

お供え物を下げて持ち帰ります。

補足……揖《ゆう》は浅いお辞儀、礼は30～45度の角度のお辞儀、拝はおよそ90度のお辞儀です。一般のお寺なら、前項「神社の参拝の仕方」で述べたように、自己紹介し、願い事があれば、詳細に説明し、真剣にお願いします。

四国八十八ヶ所など、お大師様を祀っているお寺には太子堂がありますので、その場合は太子堂にも行き、本堂と同じ要領で諸事行います。納め札も同じです。

そして、納経帳や納経軸に記帳していただく方は納経所に行き、納経帳や納経軸にご本尊の名前とご本尊をあらわす梵字、寺院の名前を墨で書いていただき、御朱印を押してもらいます。そして、引き返し、山門を出た所で振り返り、一礼します。

私達夫婦は、2017年現在、八十八ヶ所の8回目の参拝を終えています。八十八ヶ所の参拝で、いつも感じることがいくつかあります。

まず、参拝者を快く迎える環境（設備）が整っており、気持ちよく応対してくれるお寺と、参拝させてやっているといった感じのお寺があることです。

また、本堂や太子堂に、自分の名前などを書いたお札を張り付けたり、いろいろな供物を置きっぱなしにしている人がたくさんいることです。

第3章に記したように、お大師様は、

「己の利益ばかりを考えておる者が非常に多い世の中で、憂いておるわ」

と嘆いておられます。

お札などを張り付けるなどの行為はまさに「自分だけが良ければいい」という行為であり、絶対に慎むべき行為です。

また、特に団体の方は、他の参拝者に配慮せず、本堂や太子堂の前で、我が物顔で大きな声でお経を読んでいます。これは先達《せんだつ》さんの指導の問題ですが、他の参拝者に迷惑を掛けないように、本堂や太子堂の前から少し離れ、小さな声でお経を唱えるべきです。

補足……先達とは、所要な知識をある程度有し経験を積んだ、団体の方を先導できるベテランの指導者です。

知人の和尚さんが四国八十八ヶ所を参拝していますが、「パワー(気)が満ち溢れているお寺とそうでないお寺があります」と言っていました。

パワーを感じられなかったお寺は、仏様が留守をしていたのか、仏像に魂が入っていなかったのか、何れかです。

これは神社の場合も同じです。神社の場合は、神様が会議や参拝者の願いを叶えるために出かけていたりすることもあります。もちろん、初めから神様がいないケースもあると思います。折角出かけて行って祈願しても、ご神仏がいなければ何にもならず、これは私達にとって大問題です。

私達にできることは、いろいろな情報網を張って、良いお寺(神社)を見つけることです。もし、パワーが溢れた、願いが叶うお寺を見つけられれば、高波動のパワーに接することにより、私達のパワーをアップ(気力の充実)を図ることができますし、願いも聞き届けていただけます。

パワースポット(例えば、お大師様の修行場であった、四国八十八ヶ所の太龍寺の舎心《しゃしん》ヶ嶽《がたけ》)に行くことができれば、肉体が完全に浄化されてクリアになり、精神的にもとても良い作用があります。もちろん、そこは高波動域です。

お寺でパワーを感じられる催しとして「護摩祈祷」があります。護摩祈祷で最も有名なお寺は、成田山新勝寺です。成田山新勝寺では、毎日「御護摩祈祷」が行われています。御護摩祈祷の際には、お不動さんが仏像から出てきて、護摩の火の側にいらっしゃいます。

護摩の火にリュックとかバッグとか財布などをかざすと、それらは一瞬で浄化され、こびりついていた念の垢が取れて、影響をうけなくなります。また、お不動さんが直ぐそばにいらっしゃいますので、確実に願い事をすることもできます。

神社では喪中の参拝は控えなければいけませんが、お寺(仏教)では死を穢れとは考えません。お葬式とお寺は、切っても切れない関係にあり、むしろ積極的にお寺に参拝し、死者の冥福を仏様に祈るべきです。

3 神棚について

私は、仏壇は40代から持っていましたが、神棚は持っていませんでした。

浅野妙恵さんが、日本は古来神国で神様に守られてきたのであり、神棚を置き神様に感謝の念を捧げるのは当たり前のことであるといったことを仰っており、私も神棚を持とうと思い立って神棚を持ちました。

浅野さんは『神霊界の真実』(たま出版)で次のように言っています。

神棚がないという事は、それだけで霊障を招く原因を自分から作っているようなものです。せっかく神様が皆さんを助けてあげようと電波を発信しているのに、それをキャッチする受信機(神棚)がないのですから。一軒の所帯を持った以上は、必ず神棚を祀るようにして下さい。それが、あなたやあなたのご家族を霊障から守る大きな助けになってくれるのですから。

神棚は、神様のお札やご神体を入れる「社《やしろ》」と、それを置く棚(板)で構成されています。社と棚は、予めお塩を振り掛けて「祓い給え、清め給え」と言ってお祓いをしておきます。そして、社と棚に付いた塩をきれいな布で拭き取った後、部屋に取り付けます。取り付ける高さは、人間が見上げる位の高さが有れば十分です。

取り付ける方向は、基本的には東向きが第一推奨で、次いで南向き、と言われていますが、桜井識子さんは自宅での経験から北向きでも構わないと言っています。桜井さんの自宅では、北向きに置いていましたが、神様は不満も支障もなく祀られていたそうです。

ただ、仏壇と向き合わせにしないほうが良く、神棚の下を人が通るようなところには置かない方が良いそうです。仏壇と向かい合わせに神棚を置くと、神様は仏様に遠慮して神棚に来られないからです。

社には、神様を1柱入れる一社と3柱入れる3社があります。どの神様に来ていただくかは、人それぞれのご縁により異なると思いますが、一般的には、天照大御神様、大国主命様、氏神様の3柱がお祀りされています。1柱だけなら、氏神様で良いと思います。

神棚には、お酒、お塩、お米を供え、榊を左右に立てます。お米は、洗い米と言う方も

います し、炊いたお米と言う方もいます。我が家は、お米を炊いた時に供えています。お酒やお塩、榊は毎月一日と十五日に交換します。それまでに榊が枯れたら、取り外しておきます。

上に部屋がある場合は、神棚の上の天井に、**半紙に墨で「雲」と書いて雲の字が手前に来るように**貼ります。

「**しめ縄**は、神棚の空間を聖域にするために必須である」と言う人もいます。「(雲と)**しめ縄**がないと、神様はそこにいることはできない」とも言われています。

しめ縄は、年に一度交換します。ちなみに我が家は、最初は**雲の字**も**しめ縄**もありませんでしたが、数カ月後に雲の字としめ縄を整えました。

神社で頂いてくる神様のお札には神様が宿っているわけではなく、神の波動が入っています。従って、お祈りすれば神様に届きます。お札は毎年交換する必要があります。我が家の場合、お社に天照皇大神様の魂が入ったご神体が安置されていますので、一生交換する必要はありません。

神様のお札をいくつか頂いてくる場合は、一番最初に頂いたお札を真ん中に入れます。次に頂いたお札は向かって右側に入っていただきます。三番目のお札は、向かって左側に入っていただきます(三社の場合)。この意味するところは、来た順番でそのように入っていただくということで、神格は関係ないということです。

神棚には、「海、山、野の物」も時々お供えします。特に、4月と10月は神様のお祭り月ですので、普段より豪華にお供えします。また、できれば正月もより豪華にお供えします。お供えの時間は、午前中が良く、10分程度でも十分です。

親族に不幸があった場合はお社を白いさらしのような布で巻いて隠すか、半紙を正面に貼ります。もちろん、お供えや榊は撤収します。隠している期間は、その家の者が亡くなった場合は49日、その家に住んでいない親族が亡くなった場合は33日そうしておきます。

普段は、お社の扉は、少しだけ開けておいた方が良いそうです。締め切ると、神様が出入りできなくなるからで、波動も閉じ込められてしまうからだそうです。

神棚での私の参拝方法を参考に記します。

天照皇大神様の場合、ローソクに火をともした後、姿勢を正し二礼二拍手します。日頃お守りいただいているお札を言い、願い事を言います。

そして「祓い給え、清め給え」と三回唱えたあとで、祝詞(神棚拝詞)を覚えていないので、般若心経を唱えます。よろしくお願いしますと言いながら、一礼して終わりです。

荒神様の場合は、般若心経の代わりに荒神様の真言「オン　ケンバヤケンバヤ　ソワカ」を七回唱えています。

補足……真言については、次々項の「真言について」参照。

神様のお札は、多く置くと神様同士が遠慮して、神様のお力を発揮してもらえないことになります。また、神様の性格は人間と同じように、神様によって異なります。例えば、生真面目な神様、厳しい神様、おおらかな神様、といったように性格が異なります。

また、自分と合う神様と合わない神様もいます。第3章で記したように、荒神様に関して、お大師様は「丁重にお祀りするように」と言っています。従って、神様には、できるだけ好かれるように、丁重にお祀りすることをお勧めします。また、もし神様に失礼なことをした場合に、神様は許してくれるかもしれませんが、眷属は決して許してくれませんので、くれぐれも神様に失礼のないようにしなければいけません。

お札をお祀りし、毎日の礼拝も行わず、供物も差し上げず、埃だらけにしているお家もありますが、そういう家は神棚を置く資格がありません。

4 仏壇について

仏壇にはいろいろな形、大きさ、素材の仏壇があります。我が家は、これまで一軒家に住んできましたが、いずれの家にも仏壇を置く場所がありました。

写真3の仏壇は、我が家の仏壇で、高さ120センチメートル、幅65センチメートルくらいの大きさです。

仏壇とは、もともと仏像を安置する壇のことでした。家庭に仏壇が祀られるようになったのは、奈良時代のことと考えられています。しかし、奈良時代や平安時代に仏壇を祀っていたのは、広壮な屋敷に住む豪族や貴族などのごく限られた人々でした。

庶民の間に普及したのは、室町時代以降のことです。そのきっかけを作ったのは、浄土真宗の蓮如上人でした。その頃、一般の家庭では床の間などに仏像を安置して拝んでいましたが、蓮如上人が浄土真宗の門徒(信者)に仏壇を備えるように勧めました。以降、

写真３　我が家の仏壇

浄土真宗を中心に仏壇を備える家が急増しました。

仏壇は、北向きに置いてはいけないことになっています。直射日光の当たらない場所に置いて下さい。仏壇内の本尊や位牌《いはい》を見上げるように置いて下さい。また、床の間は、その家の守り神が鎮座する場所ですので、仏壇はもとより、物置場所として使ってはいけません。仏壇は先祖を供養したり、仏様に感謝したり、お願いしたりするものですから、いつ買っても構いません。

仏壇を買ったり、お墓を買ったりすると死人が出るなどと言われていますが、これは俗信です。また、実家で先祖を供養しているから良いと考える人もいますが、先祖供養は実家に限らず行った方が良いのです。

もし、死者が出た時に購入するとすれば、四十九日の法要が済んで、納骨した前後に購入するのが良いと思います。

写真3に見るように、仏壇の一番上には仏像や仏画があります。真ん中の仏様が本尊で、左右の仏様を脇侍《わきじ》と言います。これらの三仏をご三尊と言います。

ご三尊は、宗派やお寺によって異なります。仏壇は実家と同じ宗派で祀るべきだと言われています。その理由は、ご先祖はご本尊の元に集まり修行すると言われているからです。異なった、ご本尊で祀るとご先祖が混乱するから良くないと言われているのです。

私の実家は曹洞宗ですが、私は真言宗を信仰しており、我が家は真言宗で祀っています。曹洞宗のご本尊は、お釈迦様です。真言宗のご本尊は、大日如来様です。従って、ご先祖を供養する時には、真言宗で供養させていただきますのでご了承下さいと申しあげ、供養しています。

仏壇には、ご三尊の下の方に、位牌や過去帳を置きます。過去帳を使用しない宗派もあります。過去帳には、50年以内に亡くなった先祖の戒名と先祖代々の霊位、水子の霊位、無縁仏の霊位などを書き込みます。新しく亡くなれば、過去帳に追加します。従って、過去帳があれば位牌は不要となりますから、大変便利です。

ご三尊は開眼供養といって、仏様のお魂を入れなければなりません。開眼供養は、ある程度力のある和尚さんでないとできません。開眼供養をすると、仏様の目がパッチリと開くそうです。

過去帳や位牌はお性根(魂)を入れます。これも、ある程度力のある和尚さんでないとできません。そうすることにより、仏様やご先祖と道が繋がります。従って、仏様にお願いしたり、ご先祖を供養したりすることができるようになります。

仏壇にお供え物をあげる時は、「千倍万倍、千倍万倍」と言って、「ご先祖様これを仏様にお供え下さい。そしてお下がりを、お召し上がり下さい。余りましたら、必要とされる方におすそ分け下さい」と言いお供えします。

補足……千倍万倍はお供え物を増やすための言葉です。

我が家では、お茶やお水は毎日お供えし、ご飯は2日に1回(炊いた時に)お供えしています。お花は、1日と15日にお供えし、途中で枯れたら取り去ったままにしています。お菓子などのお供えは適宜行っています。お供えは、必ず午前中にします。午後にお供えすると、お供えがご先祖に届かないそうです。お盆の時は、ご先祖様が帰ってこられるので、たくさんのごちそうをお供えすると喜ばれると言われています。

仏壇でのお参りは、朝晩するのが良いとされます。朝は、今日もよろしくお願いしますと言い、晩は、一日の感謝を述べるためです。我が家では、私が朝お参りし、妻が夜お参りしています。お参りの仕方は、それぞれだと思います。

私は、真言宗の勤行次第(お経・真言)に従ってお参りし、先祖の供養もしています。正式には、輪袈裟《わげさ》をかけ、勤行用のお数珠を使用します。勤行次第、輪袈裟、数珠などは、信仰しているお寺が有れば、そこで入手できると思います。また、仏具屋さんでも入手できます。

勤行の仕方は、まずローソクに火をともし、線香を2本立てます。仏様は、良い香りを好まれるので、できればひと箱5000円程度の線香を使用します。

輪《りん》を鳴らすことにより、輪の音を察知し、仏様が天界から降りて来られます。

準備が整ったら、まず、仏様に三礼をします。三礼は、真言宗の場合は「オンサラバタタギャタ　ハンナマンナノ　キャロミ」と唱えながら、手を合わせ仏様に深くお辞儀をします。

補足……正式な三礼の仕方がありますが、ここでは省略します。仏様はお忙しいので、何時も降りてきてくれるとは限りません。ご三尊に魂が入っていれば、仏壇の前で話すことはすべて仏様に伝わります。

以下は、各宗の勤行次第に従って、読経していきます。その時に、

「み仏様、何時も有難う御座います。これから勤行を始めさせていただきます。どうかよ

ろしくお願いします」

と心の中でも良いので、唱えます。ちなみに、真言宗の場合の勤行の次第は、開経偈《かいきょうげ》、懺悔文《さんげもん》、三帰《さんき》、三竟《さんきょう》、十善戒《じゅうぜんかい》、発菩提心《ほつぼだいしん》、三昧耶戒真言《さんまやかいしんごん》、五大願、三力、般若心経、と進み、そして大日如来様、弘法大師様、不動明王様の真言を各7回唱えます。

それから、日頃の感謝を述べ、願い事をします。願い事は、国家の平和と繁栄といった大きな願い事から、最終的には個人的な願い事をするようにします。

補足……般若心経は、浄土真宗と日蓮宗を除くすべての宗派(修験道でも)で唱えられているお経です。神道でも適用できる大変便利なお経と言えます。お大師様が天皇に勧めたお経であり、お大師様や他の仏様が強力なエネルギーを注いでいるお経であり、波動が高く、強力なパワー持ち、故人を供養し(大変喜ばれます)、悪いものを祓い、人々を癒す(亡くなった人も生きている人も)効用を持っています。松井先生は、ほとんどの時に般若心経を唱えていました。

次に先祖の供養をします。ご先祖の供養に際しては、

「お釈迦様並びに小坂家のご先祖様、本来なら、曹洞宗の勤行次第に従いご供養すべきですが、真言宗でご供養していることをご了承下さい」

とお断りします。そして、

「お釈迦様、これから先祖の供養を致しますので、どうか一層のお導きとご修行に対するお力添えを賜ります様に！」

とお願いします。

次に、お釈迦様のご真言、「ノウマク　サンマンダ　ボダナンバク」を7回唱えます。

補足……私の実家は曹洞宗です。曹洞宗のご本尊は「お釈迦様」です。

そして、

「回向《えこう》小坂家先祖代々の精霊《しょうりょう》」

と3回唱えます。それから、

「小坂家のご先祖様、どうか私達のことは心配なさらずに、お釈迦様の下でご修行に励まれ、お釈迦様のお力(救済力)により、より高きお浄土に上がられますように！」

と申し上げます。

次に、回向文を唱え、最後に仏様に、有難う御座いましたと唱え(心の中でも良い)ながら後三礼(手を合わせ深くお辞儀をします)を行います。

そして終了を告げる輪を鳴らして終わりです。

以下に記述するように、仏壇やその周りの祀り方を知らない方が多くいらっしゃいます。

そのいくつかをご紹介します。

仏壇に故人の写真を置くのは良くありません。何故なら、故人がその写真を見て（あの世から、この世は丸見えですので）、この世に執着を持つため、浄土に行けなくなるからです（執着心があれば、成仏できなくなります）。仏壇は、仏様のいるところであり、先祖のいるところではありません。仏様のお力を借りて、先祖を供養するところです。

また、仏様に願い事をする所でもあります。

また、仏壇に2家以上の位牌を祀る事は良くありません。それは、例えばマンションの一室に2家族が同居していることと同じです。お互いが、気をつかい、気まずい雰囲気となります。従って、例えば奥さんの実家の位牌も祀りたい時は、仏壇の横に台を作り、お祀りします。その台には、ご三尊は不要です。輪《りん》、撥《ばち》、香炉、火立、花立、湯呑、仏飯器、コップ（水）、お供え（高杯）などがあれば十分ですが、湯呑とコップとお供えだけでも良いと思います。

お参りしている時に、仏様がお越しになられることが時折あります。その場合の私達素人にもわかる現象としては、ローソクの炎がゆらゆらと揺らめいたり、大きく上に伸びたり、大きくなったりします。また、時には、お仏壇のどこかで「ピシ」という音がしたりします。

仏様（ご三尊）は、仏壇の一番奥の一番高い所に祀られますが、開眼供養をしていないご本尊だけを置き、ご本尊と同じ高さに位牌を置いている家がありました。これは大変な間違いで、位牌は仏様の位置より一段低い所に置くべきです。何故なら、仏様は先祖達にとっては、雲の上の存在だからです。

5 真言について

真言《しんごん》の話が出ましたので、真言について簡単に説明します。

真言とは、サンスクリット語の言葉で、仏・菩薩などの真実の言葉、また、その働きを表す秘密の言葉です。明《みょう》・陀羅尼《だらに》、呪《じゅ》などとも言います。主として、真言宗で使われます。

しかし、真言は密教成立以前から用いられており、古代インドから効能ある呪文として重視されてきました。真言を唱えることで、仏様のお力を借り、魔を退治したりすることができると言われています。

真言宗では、心で仏を想い、手に印を結び、真言を三返または七返唱えます。また、第7章に記すように、お加持の場合、大日如来様の真言を大日如来様と一体になるまで限りなく唱えます。真言は、あらゆる功徳のある有難い言葉です。真言は、仏様そのもの、とも言えます。お大師様は、

「真言は不思議なり、観誦《かんじゅ》すれば無明を除く、一字に千理を含み、即身に法如を証す」と仰っています。つまり、真言を何回も何回も唱えていると、わからなかったことがわかってくるし、たった一字の内に無限の意味を持ち、仏の教えが自分の身に直接飛び込んでくるということです。

それだからこそ、真言を敬虔な気持ちで唱えますと、さまざまな霊験を得ることができるのです。各家庭に縁の深い神様は、荒神様と水神様です。荒神様の真言はご説明した通りです。

水神様は水の神様ですが、真言は「オン　バラダヤ　ソワカ」です。水道の所に、コップに水を入れ、この真言を唱えればいい、と言われています。

お大師様の真言は、「南無大師遍照金剛《なむだいしへんじょうこんごう》」ですが、この南無は、ご神仏に帰依するという意味です。もし、ご神仏の真言がわからなければ、ご神仏の名前に南無を付けて唱えれば、そのご神仏の真言になります。

例えば、阿弥陀仏様の真言は、「オン　アミリタ　テイセイ　カラ　ウン」ですが、この真言を知らない人は、「南無阿弥陀仏《なむあみだぶつ》」でも構いません。

6 お寺や神社のあり方

現在日本には約7万7000の寺院があり、そのうちの2万以上が無住の寺(空き寺)と言われています。寺院の数は年々減少してきており、2040年には「今ある寺院の3～4割が消滅しかねない」という衝撃的な試算もあります。

この背景には、人口減少、高齢化、若者の都会への流出、お寺やお墓はもういらないという人の増加、檀家の減少、お寺の存在意義の希薄化、ご神仏の存在やあの世の存在を否定する人の増加、力のない和尚さんの増加、寺院の「参拝者や檀家への問題ある対応」、僧侶の階級に対する執着、世襲制度がもたらす弊害などのさまざまな問題があります。端的に言えば、**寺院に対する必要性や信頼性の希薄化が進んでいる**ということと言えます。

従って、寺院は必要性や信頼性を取り戻す努力をする必要があります。

必要性や信頼性を取り戻すためには、

本書に書いてある**根本的・本質的な事**を知ること、
難病を治す法力を持ったりご神仏と対話できる霊能力を持つこと（死者を成仏させたり、供養したり、開眼供養することなどは最低限の能力です）、
お釈迦様やお大師様達の教えを十分に知ること、
立派な人格者になること、参拝者や信者を見下さないこと、
開かれた寺院となること、積極的に衆生に尽くすこと、
人々を導き悩みを解決できること、
祈祷・除霊・災難除け・厄除け・安全祈願などができることなどが必要です。

補足……世襲制度がもたらす弊害は、例えば、「力のない跡継ぎ」、「自分達の寺院であるといった間違った思い込みや行動」（世襲制に基づく寺の私有財産化）などを頻繁に目にすることがあります。第2章で、松井先生は「かつては、神社には穢れのない巫女が神に仕えし、神示を伝え、お寺では僧侶が種々の悩み事の相談を聞き、み仏の言葉を伝えたのです」と言っていますが、現在では、こういうことができる神社やお寺はほとんどなくなりました。ですから、余計神社やお寺の必要性が薄らいでいるのです。

大きな寺院などでは、最も位の高い僧侶が豪華な法衣《ほうえ》をまとい、大勢の僧侶を従え、したり顔でお経をあげたりしている姿を見るにつけ、ほとんどの衆生は尊敬の念は持たない

のではないでしょうか。また、ちょっとした仏教話でお説教をして得意げになっている僧侶も大勢います。そんなことで畏敬の念をはらってもらえるとでも思っているのでしょうか。

また、秘仏といって長い間仏像を開示しないお寺などもありますが、大変ナンセンスなことです。仏像に魂が入っていれば、その仏様は多くの衆生に拝んでもらってこそお力を発揮できるということを知るべきです。秘仏としたことは先人の間違った行為である、ということに何故気が付かないのでしょうか。

「仏教は何のためにあるのか」
「寺院は何のためにあるのか」
「僧侶は何のためにいるのか」
「仏像は何のためにあるのか」

といった根本的な疑問に対し、正しく答えられるべきです。

「日本仏教の核心は葬儀である」

と言う方もいますが、とんでもないことです。死者を供養することも僧侶の仕事の1つですが、

「生きている人達を導き、場合によっては仏様のお知恵をお借りしたりして衆生の悩みを

解決し、難病を治し、諸々の難問に智慧をだし教える」といった「生きている人を救う」ことも大事な僧侶の仕事です。

補足ⅰ……おりしも（2016年）、日本を代表するお寺の1つである善光寺を治める天台宗と浄土宗の内の天台宗の大勧進の住職を務める小松玄澄貫主（82歳）が、寺の女性職員にセクハラ行為やパワハラ行為をした上、差別的な発言をしたとして大きな問題になっています。現状の宗教界を反映した側面であり、嘆かわしい限りです。

ⅱ……生きている人を救うことも大事な僧侶の仕事と申し上げましたが、仏教の基本的な目的はすべての人を成仏に導くことです。（成仏については第8章参照）

寺院の考え方、知識、行為、法力などは、檀家に大きな影響を与えます。これは、特に地方では顕著です。何故なら、地方では菩提寺を選べないからです。私の知っている或地方のお寺は、多くの檀家を持っていますが、この和尚さんはサラリーマンをしながら住職の仕事をしていたため、教相も事相も十分にできておらず、檀家の方々を指導することが全くできていません。

また、最も大事なことは「人格者であるかどうか」ということですが、この和尚さんの場合は、あまり信頼も尊敬もされていません。従って、檀家の方々はお寺に対する尊崇の念は持っておらず、供養の意味・重要性も聞かされておらず、供養にはあまり熱心ではありません。また、お仏壇の重要性や祀り方についても聞かさせておらず、お仏壇も世間の目を気にし、形式的に持っているだけのような家が多く見受けられます。

寺院(僧侶)に対する必要性や信頼性を取り戻すためには、実に膨大な努力、変革が必要であることがご理解いただけると思います。確たる菩提心を持ち、日々精進されている僧侶は少ないのではないかと思われます。そうした実態を考えると、将《まさ》に前途多難と考えられます。

神社につきましても、現状約8万社位の神社がありますが、衰退の一途を辿っています。昔は、神様のお言葉をお聞きし氏子や衆生に伝えることができる巫女や神主がいましたが、今はそうしたことができる神社はほとんどありません。神社の関係者も、衆生の信頼性や必要性などを取り戻すためにはどうしたら良いかを真剣に考え、日々努力し、精進すべきです。

日本人は、神様を敬い、信じるという信仰心は特別に篤くて強いものでした。それが今、かなりの神社・仏閣では、参拝者が少なくなり、願いや祈りが少なくなっており、そのために、ご神仏(特に、神様とその眷属)はお力を発揮できなくなっており(私達が参拝し、お願いし、祈ることが、ご神仏の修行とパワーの源となる)、衰退してきています。

衰退している神社、仏閣のご神仏（眷属も）は、これまで私達を守り、願いを聞き届けてくれ、今なお私達を守り、願いを叶えたいと思ってくれているのです。従って、先人がお参りしてきた神社・仏閣は、これまで同様に大切に維持（参拝）していくべきです。特に。山岳系の神様は、大変なお力をお持ちですが、山の上にある神社が多く、参拝者は少なくなり、あまりきちんと維持管理されていないところが多くなっている、と思われます。

宗教の問題は何も仏教や神道だけではありません。イスラム教やキリスト教などの世界的な宗教でも諸々の問題があります。例えば、開祖の教えが正しく理解されていない、正しく伝わっていない、牧師や神父や指導者などが勝手に解釈し開祖の教えに則しない行為をしている等々です。宗教に関わる僧侶、宮司、神父・牧師、指導者などは、「宗教は何のためにあるのか」という原点に立ち返り、開祖の教えを正しく理解し、教えを実践するべきです。宗教は、基本的には「衆生を救うためにある」のです。

誤解されないように申し上げておきますが、私は毎日仏様に「正しい仏教と正しい神道」の復興を祈願しています。何故なら、日本が良くなるためには「正しい仏教と正しい神道」の復興が不可欠だからです。

第6章

お墓と先祖供養

1　先祖供養

霊の進化〈霊格を高め階級を上がること〉と先祖供養について、浅野妙恵さんは次のように述べています。（以下、引用文中の〈　〉注、傍線は筆者による）

霊界には二階級特進するような特効薬はありませんが、ただ一つ例外があります。それは私達が供養してやることです〈霊自身の修行・努力だけでは、階級を上がる事が難しい〉。私達が供養してあげると、霊の進化が著しく早まります。供養された霊は、供養の力を借りて、低級霊は高級霊に、高級霊はさらに高級にと、ぐんぐん進化のスピードがアップします〈すなわち、階級が上がって行きます〉。供養こそが、霊界での特急券といえます。私達にとって特に大切なのは、先祖の霊です。何故かと申しますと、先祖霊は私達が一番頼られやすい霊だからです。それだけに霊障も起こり易いといえます。（浅野妙恵『霊界の秘密』潮文社）

先祖供養といっても、難しい事ではありません。毎日、仏壇に線香をあげ、お茶を供え、きちんと挨拶するだけでもいいのです。もし、お経を知っていたらそれを、真心を込めて読んであげればさらに良い事です。それだけでも、先祖の霊は喜ばれます。（同書）

浅野さんは、お仏壇にお供えし、お経を読むだけでもいいと言っていますが、先祖供養は仏様のお力をお借りしなければできません。従って、ご先祖の供養に際し、仏様に、「これからご先祖の供養を行いますので、どうかお力をお借し下さい」と言った後、お経をあげるようにします。あの世は「念の世界」ですので、できれば、念力の強い和尚さんに先祖供養をお願いした方が効果が出ます（油井真砂さんは先祖供養について後述のように、司神や高級神霊のお力を借りるべき、と言っています）。

大事なのは、三回忌、七回忌、十三回忌というけじめの追善供養をすることです。この追善供養を怠りますと先祖の霊が進化できなくなります。三回忌を怠りますと、霊の進化は三年で止まってしまって、自分でどのような行〈あの世での修行〉を積んでも全く進化しません。そうすると、霊は行くあてがなくなり、ウロウロとこの世にさ迷い出てきます。そして、子孫にとり憑いて、霊障をおこします。〝供養してほしい！〟と必死の思いですがりついてくるのです。ですから、この供養だけは忘れてはいけません。それと、一番最近亡くなった身近な人の命日には、毎年必ず墓参りをしてあげる事です。その人が一番血のつながりの濃い人だからです。（同書）

私は、先祖供養や回忌供養につきましては次のように考えています。

あの世の霊は、死後暫くの間は、肉体がなくなっただけであり、性格や人格や信仰心などの個々人のありようは全く変わっていません。あの世の霊は、自己修行、先祖供養、回忌供養、先輩霊などの導き、仏様の功徳などにより霊の進化が進みますが、堕落した霊や自信過剰で働きかけを受け入れない霊などは、自己修行や先祖供養などの働きかけに前向きでないため、なかなか進化は進みません。

こうした霊は、五十回忌まで要求することになります。一方、素直な心を持った霊や人間的にできた霊や信仰心の篤い霊などは、自己修行や先祖供養などの働きかけに前向きであり、進化のスピードが速いため、回忌供養などもあまり長くは必要ないと思います。すなわち、先祖供養や回忌供養の効果（回数）は、霊次第ということだと思います。

私達がお仏壇の前で先祖供養をした時の先祖の反応は、お供えしたコップの水に出るようです。山野和尚さんは次のように話しています。

先祖が不満な時は、大きい水泡がコップにバラバラつき、先祖が喜んでいるときは、小さい水泡がたくさんつきます。また、先祖に対して不敬な行動をとっている場合には、子孫に必ず身体障害のある子供が出来ます。（山野寛然『心霊界』サンロード）

油井真砂尼は、次のように言っています。

「過去の因縁を解消することは、今この世に生きている者の救済になる」

と、ご神仏は仰っています。

人間の霊魂は、花が咲いて実り、やがて熟するように、だんだんに浄化し〈霊格を高め〉、高級霊になっていくものである。罪科を犯した魂も、それを贖う過程を経て、見直し・聞き直しされ、再び成長の道を歩む。祖先霊への供養も、また、このようなプロセスを知って行うものでなければならない。

祖先霊は、浄化の過程を経ることで〈階級を上がり、霊力を高めることで〉、子孫守護の霊団となれるのであり、その為にはこのことを理解している者の祈りが必要なのである。死者の霊の供養とは、真摯な祈りによって死者に語りかけ、高い霊界に進むように説得し、さらに新参の霊を指導する高級神霊〈や仏様〉に祈念して良い導きをお願いする事である。

死者供養とは、祀るべき霊に高い世界に進まれるようにと祈る事だが、新参の死霊は、まだそんな祈りを聞く余裕もない。大切なのは、霊界の司神に対して、新参霊に、良い指導をお授けくださるように祈る事である。死者を惜しむだけの法要では、遺族にとっての慰めになっても、霊的には意味はない。

また、我々の先祖の中から、浄化、向上を果たし、神威を増し、選ばれてお役にたっている高級霊にご指導を仰ぐ場合もある。そういった神霊は、生前の社会的地位や知識・勉学の多寡とはもちろん関係なく、幽界、霊界で研鑽の道を歩んだ霊である。こういう霊が祖先に多ければ多いだけ加護も多くなるわけだから、祖先を祀る事の重要性も出て来るのである。我々の祖先は、すでに幽界に移行して、霊的浄化の道を歩んでいる霊魂である。その霊魂は、ある程度の浄化を果たすと、子孫を守護する霊力を持つようになる。高い世界に行けばいくほど、エネルギーは強力になり、加護を願う子孫への守護力は増大するわけである。従って、祖霊浄化の祀りを丁重に繰り返し行う事は、霊的加護を仰ぐには必要である。

それは、前述したように高級霊の協力を乞い、個人の浄化を願う事である。祖霊の中には浄明界まで昇って、通常考えられている神と同じほどの位に着かれている霊神もいる。

これを、遠祖明神、と申し上げるのであるが、どんな人でも、その家の祖先を遥かに尋ねれば、この明神に必ず通ずるものである。しかし、現在、ほとんどの家では、この遠祖明神とのつながりを顧みようとしない。それは、神棚にそのご分霊を祀る霊代がない事、浄明界以上の神霊を呼ぶ霊能を持った神職がいなくなった事、また、祭祀する人々が高い神霊に相応しい潔斎を行っていない事があげられる。

もしこれらの条件を改めれば、誰の家にも神霊は降臨し、浄明界の霊光霊条が差し込み、家庭円満、諸事幸運が得られるであろう。現代風に言えば、神霊とのホットラインが開通するという事である。さすれば、子孫はさらに敬愛の情を捧げるようになり、近世の祖先も浄化され、その家の守護はますます強くなるであろう。そして、このような守護神、守護霊を持てば、苦しい時、悲しい時、心の底から祈れば、必ず守

護して下さるのである。（油井真砂『わが見神記』山雅房）

油井さんはこのように、先祖供養の意味とその結果から得られるものを、詳しく説明しています。これらは、すべて真理です。少し難しいかもしれませんが、何回も読んでみて下さい。大変重要なことが書かれています。

浄明界については、山蔭基央先生が描かれた図2を参照して下さい。霊界と神界の間の、高級霊の世界です。浄明界は、神聖祖霊界とも言われます。

2 我が家の先祖供養

第3章で述べたように、私は小坂家の次男ですので、実家を離れ、独立して住んでいます。実家では、回忌供養もきちんと行っており、日々熱心に先祖供養をしています。ただし、実家での日々の供養は、仏のお力添えを願わない、自力での供養(仏を信仰せず、単にお経を読むこと)をしています。

私の家でも、お仏壇で先祖供養をしてきましたが、2010年頃まで「入魂した、先祖代々の位牌と水子の位牌(または、過去帳)」が必要なことを知りませんでした。また、ご三尊の開眼供養が必要なことも知りませんでした。ただ、本尊だけは、東京のお寺で購入した時に開眼供養してくれていました(後でわかったことですが)。従って、それまでは、ご先祖への道が繋がっていなかったので、いくら真剣にお経を読み供養しても、ご先祖にはほとんど届いていなかったのです。また、私達も先祖供養には仏様(または、高級神霊)のお力をお借りしなければできないことを知りませんでした。

従って、実家での先祖供養も、私達の先祖供養もあまり効果のない供養となっていたことを超法輪で先祖供養をしていただいた時に、初めて知りました。

さらに、先祖供養は、私達が行うより力のある和尚さんに行っていただいた方が、遥かに効果が高いことを知ったのは2012年でした。何故なら、あちらの世界は念の世界ですので、力のある和尚さんの念力は私達よりはるかに強いので、供養が届きやすいのです。

そこで、超法輪にも、毎月一回先祖供養をお願いすることにしました。

ある真言宗のお寺での先祖供養の内容を簡単に説明します。

まず和尚さんが、

「これから小坂家の何年何月の先祖供養を行いますので、どうか小坂家のご先祖の一層のお導きを賜ります様に、そして、小坂家のご先祖様に於かれましては、み仏のお力を賜り、より一層のご修行に励まれますように」

と、そのお寺の仏様とご先祖にお願いします。

「ご施主の方、それぞれ小坂弘道様・洋子様でございます。真言の法によりまして沙門《さもん》誰それ(僧侶名)が、慎んで読誦さしていただきます」

と申し上げます。

そして、小坂家先祖代々ご霊様、小坂家無縁仏ご霊様、小坂家水子ご霊様、と読み上げ、次に50年以内の故人の戒名を読み上げ、そして、小坂家に関わる諸因縁の供養のために、と読み上げます。そして、供養に入ります。供養は、真言宗の勤行次第に従って、お経や真言を唱えます。お水とお菓子を予めお供えしておきます。時間的には、40～50分程度で終わります。

超法輪の供養では、供養の終了時に、(松井先生のお弟子さんの和尚さんは、やはり霊能力を持っていますので)ご先祖の反応についてお話してくれます。ご先祖の反応は、月毎に異なります。超法輪は、ご神仏が認めた数少ないお寺ですので、仏様の加護が強く、多くの不成仏霊が超法輪で供養してもらうと、早い期間に成仏できるそうです。あちらの世界では、そのことがわかっているそうで、家康や秀吉などの多くの武将が供養を依頼に来るそうです(彼らは、まだ成仏できていません)。

超法輪では、まず仏様に一層のお導きを賜りますようにとお願いしますが、一般のお寺ではそのままお経をあげるだけだと思います。お経は仏の説法であり、それによっても少しは供養できると思われますが、あの世を管理しているのは仏様であり、お経に加え仏様のお導きをお願いした方が、ご先祖の供養としては、より効果の高い方法だと思います。

ただし、いくら効果の高い方法で供養しても、問題は、受け手(対象のご先祖)が聞く耳を持たなければ、あまり効果を得ることはできません。

私達は、超法輪で5家の先祖供養を毎月行っていますが、そのうちの1家は、あまり聞く耳を持たず、従ってなかなか順調に供養の効果を得ることができない状態です。そうした家は、少しずつ聞く耳を持ってもらえるように、気長に供養するしかないと思っています。事実、3年半くらい経って、少しお経に関心を持ってくれ始めたかな、といった状況です。

補足……供養が終わった後でコップを見ると、細かい水泡がたくさん着いています。これは山野和尚が言っているように、先祖に供養が届いていることと先祖が供養を喜んでいることを意味しています。

小坂家の先祖供養を最初にお願いしたのは、2012年12月17日でした。

供養を終わった後で、和尚さんは、

「チャンバラのシーンが見え、その後、抜いた刀を持ち立派な鎧を着た殺気立った侍が出てきました。供養してくれるのを、待っていたようです」

と言われました。

小坂家の先祖は、山之内家の家臣でした。従って、何回か戦も経験したご先祖もいると思います。そのご先祖が出てきたのです。私は、和尚さんから、このことを聞き、やはり実家や私達のやり方ではご先祖の供養があまりできていなかったことがわかりました。

お盆やお彼岸の供養も超法輪にお願いしています（お盆やお彼岸の供養は、本山にあたる法城王寺で行います）。２０１３年3月17日に、春のお彼岸の供養をお願いしました。その時に、ご先祖の声を聞いてくれるように松井先生にお願いしていました。

松井先生は、

「仏壇がすっきりしてなくて、先祖の存在が希薄で、子孫が先祖から力を得ていない」と言われました。

私は、２０１2年に、大阪在住の本物の霊能者である80歳のおばあちゃん（霊能関係の仕事は止めていましたが）から、電話で私の鑑定をしていただいたことがあります。おばあちゃんは、いろいろと鑑定してくれましたが、今考えればすべて当たっています。

その中に、「あなたは、先祖の加護が少ない」と言う言葉がありましたが、小坂家は先祖の供養が十分でなかったので、油井先生が上述されている高級霊になっている先祖がいなかったためだと思います。

それから、実家の仏壇には仏様は祀られておらず、新興宗教のやり方で祀られています。従って、これも松井先生の「仏壇がすっきりしてなくて」というお言葉通りです。

私達を何時も守護してくれるのは、まず、ご先祖様です（ご先祖様のどなたかが、高級霊になってないと、守護は弱くなります）。

そして、ご神仏が助けてくれ、願いを聞き入れてくれ、先祖の供養をしてくれるのです。この事や、先祖供養がご先祖の成長（階級を上がること、浄化を図ること）を助長するということを知れば、先祖供養の大切さと、ご神仏を信仰する大切さがおわかりいただけると思います。

私は、まず、自宅に仏壇を置き、ご三尊の開眼供養をしてもらい、過去帳か先祖代々の位牌を置き、それにお性根を入れていただき、仏様のお力をお借りして、毎日先祖供養をすることと、併せて、本当に力のあるお寺さんに毎月先祖供養をお願いすることをお勧めします。問題は、本当に力のある和尚さん（お寺）をどうやって見つけ出すかです。

なお、超法輪の和尚さんの話によると、小坂家のご先祖はたった5カ月位で大変落ち着いてきました。私達が、ご先祖の階級を押し上げることとは、私達も良くなることなので、超法輪での先祖供養は身体が動ける限りお願いするつもりです。超法輪では、何年も何十年も先祖供養をお願いしているご家族もいらっしゃいますが、そういうご家族は順風満帆な人生を送っていることがわかります。

参考に、我が家で飼っていた犬の供養についてお話します。

我が家では、最初にハッピーという名の犬を飼い、次いでラブという名の犬を飼いました。この2匹の犬も毎月超法輪で先祖供養する時に供養してもらっています。超法輪では、お彼岸やお盆の供養に時に、お願いすれば先祖の声を聞いてくれます。おそらく、そんなお寺は超法輪以外にはないと思います。

２０１５年8月9日の盂蘭盆施餓鬼供養の時に、先祖の声を聞いていただきました。その時に、ハッピーとラブの状況についても次のように教えてくれました。

「ハッピーとラブは供養を受け、相当力を付けてきており、２匹で飛び回っています。今日の法城王寺での供養を楽しみに、ここにきています」

動物達のあの世の世界も階層世界です。動物達もあの世で階層を上がるために、人間の霊と同じように、修行しています。ハッピーとラブが力を付けてきているということは、だいぶ階層を上がったということを意味します。ハッピーとラブは、この世で会っていませんが、あの世に行っても小坂家の一員として2匹が一緒になって修行していることがわかります。動物達を供養してやることも大切なことがおわかりいただけると思います。

なお、あの世で動物の管理をしているのは、馬頭観音菩薩様です。ペットは人間の魂を癒すためのご神仏の使いであり、目的を果たしたペットは満足してあの世に行くそうです。

補足……超法輪に関する記述は、２０１７年5月現在のものです。

3 お墓について

大阪の堺市に仁徳天皇陵があります。3～4世紀頃に作られたものと考えられています。奈良時代や平安時代にも、天皇や貴族などの有力者の墓は作られましたが、この時代のお墓は限られた人たちの墓でした。鎌倉時代になって、武士の世の中になると、彼らの中に墓地が普及しました。しかしながら、民間には墓を建てる習慣はなく、庶民の亡骸は村外れなどに遺棄されました。

庶民の間に墓地が普及しはじめたのは、室町時代の後半と考えられています。商業経済の発展に伴って、財力を身に着けた商人などが墓石を建てるようになりました。

そして、江戸時代になると、檀家制度が確立され、それとともに一般庶民の間に墓を建てる習慣が広く普及しました。檀家制度は、一種の戸籍制度であり、菩提寺の住職は檀家の全員を管理していました。従って、住職は亡くなった人を検死し、墓所に埋葬することが義務付けられました。その結果、亡くなると必ず墓を建てるという習慣が徹底されたのです。

昔から、年忌以外にはお墓を建ててはいけない、墓を移すといけない、墓に汚れを落としてはいけない、北向きの墓はいけない……などと言われています。こうしたことをすると、罰が当たって、その家が不幸になると言われています。

また、墓相についてもいろいろと言われています。お墓は、ご先祖のいる所ですので、第3章で記述のように、お墓を移す時にはご先祖の意向を確認すべきです。

お墓は自分の背丈に近い位の大きさの墓が無難と言われています。その墓地で、特別に目立つような大きな、豪華な墓を作れば、周りの人からの妬みなどが心配されるからです（周りの人達の妬みの念が強ければ、妬みを受けた家は、徐々に衰退する、と言われています）。

また、墓は、南向きに、明るい所に建てた方が良いと言われています。じめじめした暗い場所や草木が追いかぶさっているような墓地は良くありません。そういう墓地を持っている家では、霊の障害が起こる場合があります。また、墓石が欠けた場合や傾いた場合なども良くないと言われています。その場合は、墓石屋さんに依頼し、修理してもらえば良いと思います。

お墓参りは、一周忌には必ず行くべきと言われています。それぞれの回忌とお彼岸には必ずいった方が良いと思います。お仏壇の中に入っている位牌や過去帳に話しかけるのと、お墓で話しかけるのとでは、断然後者の方が声が届きやすいそうです。また、ご先祖からのメッセージも、仏壇からは伝わってきにくいのですが、お墓だとストレートに伝わってくるそうです。

お墓を、汚れっぱなしにしておくと、障りが出る場合があります。それは、ご先祖の「お墓に来て、キレイにしてほしい」という切実な願いなのです。どの位ほったらかしにして良いか（お墓の管理者のいない場合です）ということは、中に入っているご先祖の性格によるので一概には言えません。いずれにしても、草ぼうぼうや、汚れっぱなしの状態で放置することは良くありません。汚れたお墓や陰気なお墓は不浄霊の棲み家になり、**先祖の霊が進化しようとする足を引っ張ります**。

お墓参りに行くときは、故人の好きだったものを持っていくと喜ばれます。お饅頭とか、お酒、たばこなどです。お酒などの飲料は、フタを開けて飲めるようにし、たばこは火をつけてお供えします。

ご先祖様には

「私達は皆元気で過ごしていますので、心配しないで、どうぞ安らかにご修行にお励み下さい（お過ごし下さい）」

と申し上げます。

お参りが、終わったらお供え物はすべて持って帰ります。そのまま置いておくと、無縁仏がその食べ物に群がるからです。

核家族化や高齢化社会になり、最近では無縁墓が多くなっており、ニュースとなっています。我が家も一人娘が嫁に行ったので、私達夫婦二人となっています。従って、第3章に記したように、墓地のお墓を買わずに永代供養付の共同墓地を購入しました。無縁墓になった故人は、供養してもらえなくなるので、あちらの世界で一生懸命修行しても、なかなか上に上がれないことになります。

近年、散骨ということもよく言われます。お骨を墓地に埋葬しないで、海や川や山などに撒くことです。散骨をすれば、「骨はすべて撒くのだからお墓はいらない」と考えている人が少なくないようです。これは、大きな間違いです。まず、故人の霊魂はすでに骨から業転しています。お墓は代々のご先祖のいる所である、と言いましたが、散骨しっぱなしでお墓がなければ、故人の霊魂は行くところがないことになり、また、ご先祖の居場所もなくなり、ご先祖と会うこともできなくなります。お墓参りもしてもらえませんので、あちらの世界に行って大変悔やむそうです。また、供養もしていただけなければ、お彼岸やお盆には大変寂しい思いをしますし、回忌供養もしていただけなければ、成仏もできない故人も出て来る可能性もあります。散骨は法律では禁じられていますが、信教の自由ということもあり、黙認されているそうです（法律的には、グレーゾーンです）。

散骨をするのは自由ですが、共同墓地と永代供養は考えた方が良いと思います。そして、先祖代々の霊も一緒に移し、供養していただくべきです。亡くなった時にお墓のない場合は、一旦自宅に安置することになります。そして、お墓が造れない事情があるような場合には、遺骨を預かり供養してくれるようなお寺もあります。もちろん、しかるべきお布施は必要です。

大事なことは、**先祖の霊の依り所となる墓は絶対必要**で、また、第8章に記すように**先祖供養は絶対必要**ということです。ですから、お墓を守り先祖供養してくれる子孫のいない家は、永代供養付き共同墓地が良いと思います。先祖供養をしなければ、先祖の霊は階級を上がることが難しく、従って、子孫を守ることもできず、また、自分達も供養されませんから、そうした一家は繁栄しないことになることを十分に理解する必要があります。

また、最近問題になっているのは「納骨されない遺骨が多くなってきている」ということです。その主たる理由としては、故人を忘れることができない場合、墓地がない場合、お金がない場合、などです。納骨の意味について、あまり知らない人が多いようです。人間は、死ねば葬儀を行い、それにより死んだことを教えてもらい、そして四十九日法要により、あの世に行くよう(成仏するよう)に導いてもらいます。また、お墓に納骨してもらうことにより、自分の依り所を知ることになります。さらに、その後供養を続けてもらうことにより、階層をより早く上がることができるようになります。

もちろん、中には、葬儀や納骨をしなくても、自分であの世に行き、依り所であるお墓に入ることができる人もいると思いますが、それは限られた人達です。従って、納骨も葬儀もしないということは、あの世にも行けない(不成仏霊)し、お墓にも行けなくて、この世でさ迷うことになります。また、供養も受けられませんので、あの世に行けたとしても、階層を上がることが難しいと言えます。遺骨を放置した結果は、亡くなられた故人にも、遺骨を放置した人にも、悪果として反映されます。それぞれが不幸になるということです。遺骨は、波動が低いので、長く側に置いていると、その人の身体に悪い影響を及ぼすこともあります。

4 お墓に関するトラブル例

第3章で小坂家・松本家・田邊家のお墓の整理の話をしましたが、お墓に関するトラブルは大変多いそうです。

特に、お墓を移転する場合には、ご先祖の意向を伺わないとトラブルが発生することがあるそうです。

トラブルとは、いわゆる、関係者に「霊障」が出ることです。霊障の多くの場合は、血流関係の病気として現れることが多いそうです。

例えば、血圧が無茶苦茶変動する、そして心臓に不整脈がでる、といった現象が起こりやすいそうです。

ですから、我が家のお墓の整理に際しては、お大師様を介して、ご先祖様の意向を聞き、問題がないことを確認したうえで、進めました。
以下は、松井先生が経験したお墓の移転に関するトラブルの一例です。

福井県の小浜で起こった例です。ある家で、山の上にあった墓地を廃棄し、自宅の近くの平地に新しい墓地を造りました。そうしたら、そこの家の関係者がみんな身体の具合が悪くなったのです。

何か問題があるかも知れないので、一度見に来てほしいと依頼があり、行ってみました。山の上の古い墓地跡に行って拝んだら、若い綺麗な女の人(霊)が立っていました。

そこで、

〝あなたはどなた様でございますか?〟

と聞いたら、

〝先妻なんです〟

と言われた。その方(依頼主の父の先妻)が言うには、

〝この墓の移転に際して、私に何も聞かなかったのでそれが気に入らない〟

と怒ったのです。何の相談もしなかったと。一般の人で、おそらく墓石(墓石を依り所にしているご先祖)に相談することはないでしょう。

〝どうしたらいいか?〟

と聞いたら、

〝私は新しい墓には行かない〟

と。だから、孫からおばあちゃんに奥さんまで、みんな身体が悪くなった。

実はこの家には、大変信心深い後妻さんが後で来られていました。その後妻さんが、皆を新墓地につれて行ったとのこと。

先妻には嫉妬があって、私に相談なく後妻さんに相談したとおむくれになった。あなたより後妻さんの方が信心が高いから皆先祖さんがついて行ったのです、
問題は、貴方が良い信心をされて心を変えられた方がいいじゃないですか、と申し上げたが、先妻は納得できず悩まれた。

〝じゃあとにかく、あなたの思うようにしなさい、ここにずっといるか、行ったり来たりしても良いから、どっちにする?〟

と言ったら、

〝行ったり来たりする〟

と言われた。新墓地の方に行ったり、ここに居たりすると。

それで、ここの巻石《まきいし》は依り所として、そのままで置いてくれるようにと言われた。そ

れで、(依頼主に)新墓地に行きましょうと言われ、50〜60メートル下の新墓地に案内されて行った。

そしたら先妻さんが、すでにそこに立っていた。

さっき、来ないと言ったのに来てるじゃないですか、と言ったら、照れくさそうにしていた。

それからは、意地を張らず、嫉妬を起こさず、良い信心をして、どっちも行ったり来たりしなさいと言ってやりました。

それから、何年か後に行ったら、やはり行ったり来たりしていました。

先妻が納得した2〜3日後から、皆さんの病気が治ったそうです。先妻は、気に入らなかったのです。誰かに聞いてほしかったが、誰も聞いてくれなかった。そのために、お知らせとして身体に影響するようにしたのです。

恨みではありません。恨みなら、縁者の誰かが、すぐに亡くなることもあります。お知らせのような場合には、医者が診ても原因がハッキリしないことが多くあります。支障は、血流関係、例えば、心臓に支障がでたり、高血圧になったり、必ずそういうことになることを覚えておいて下さい。

お墓のトラブルについては、実にたくさんのいろいろな問題の経験がありますと、松井先生は仰っています。

第7章

お加持による難病治療について

1　お加持について

第2章では松井光輪先生を始め何人かの和尚さんによる病気の治療方法を簡単にご紹介しましたが、ほとんどの方がご神仏のお力を借りて、治療されています。

特に、松井光輪先生の治療方法はお大師様も行われていた方法のようで、松井先生が体調が悪く、ある患者にお加持ができなかった時には、お大師様が出て来られ、代わりにお加持をして下さったこともあったそうです。

織田隆弘先生は「お加持の名手」と言われた方です。先生は、その生涯をお加持で難病に苦しむ人を救済することにささげられました。数えきれない人が、先生により救われています。織田先生のお加持の方法も、お大師様が行っていた方法ですが、松井先生とは違う方法ですので、ここでは織田先生のお加持についてご説明します。

私も、私の血縁者3人も、織田先生やご子息に、お加持をしていただいたことがあります。お加持は、仏教(仏様)を信じない人や余命の少ない人には効かないそうです。織田先生は、「お加持ですべて治るとは思わない、しかし医者が見放した人でも、お加持により感応があれば治る、**さらに大事なことは患者の懺悔心である**」と話されています。

お加持による「感応」は、多くの場合「体温の変化」により知ることができます。私も、私の血縁者3人も明確な「感応」がありました。そして血縁者33人は、それなりの結果を得ました。

私の場合は、腰椎の手術による後遺症で左の臀部から足先にかけての激しい痺れがあり、それを治していただきたく、2009年頃お加持をお願いしました。お加持をしていただく時間に、いつも体温を測定しましたが、必ず1~2度上がっていました。感応はありましたが、痺れの症状は変わりませんでしたので2週間位で中止しました。感応があったのですから、もっと長い期間やれば痺れはとれたかもしれません。

織田先生が生涯、治されたクライアントは何千人にも及ぶと思います。そして、さまざまな症状のクライアントがいます。いくつかの治療例だけをお話しても意味がありませんので、これまで治してこられたクライアントの症状(病状)を簡単に記述します。

さまざまな癌（胃癌、膵臓癌、乳癌、肝臓癌、子宮癌、食道癌、胆道癌など）、末期癌患者の安楽死、髄膜炎、不眠症、脳膜炎、脳溢血、肝臓病、脳炎と髄膜炎、てんかん、腎臓結石、小児マヒ、ネフローゼ、リュウマチ、ヘルニヤ、カリエス、肺結核、子宮筋腫、むち打ち症、インポテンツ、緑内障、未熟児、安産、川崎病などです。

実にさまざまな症状の方が、お加持で救われていることがわかります。

また、織田先生のお加持の特徴の一つは、同時に多くのクライアントを治せることです。

先生は、

「何百人の病人がいても同時に、それぞれの霊験をいただくように実証できる信念を持っています」

と仰られています。

もちろん、お加持の効果が現れる期間は、症状により、また、クライアントの因縁により異なってきます。また、行者によって加持力に差があり、それによる回復の日数や効果の度合いが異なることも事実です。

2　お加持の原理と実践方法

お加持について、小学館の『仏教語大辞典』には、

「仏の大悲の力が衆生に加わり、衆生の信心に仏が応じる意」

とあり、『広辞苑第六版』には、

「①仏が不思議な力で衆生を加護する。②真言密教で、印を結び、真言を唱え仏と行者の行為が一体になること」

と書かれています。基本的には、間違っていません。お加持は真言密教の要です。

弘法大師様は加持と言いましたが、加持祈祷という言葉は一度もつかっておりません。何故なら経典にも加持祈祷という言葉はないのです。

「祈祷」は世俗で使う「祈り（念じる）」の意味です。「加持」は「仏の祈り」で、「加」

とは如来の大悲を、「持」は衆生の信心をあらわしています。

第2章で述べたように、何人かの和尚さんは、「祈祷」で病気を治しています。祈祷の場合は、1人のクライアントに意識（念）を集中して行います。

しかし、お加持では、多くのクライアントを同時に治すことが可能です（個々のクライアントに対する観想は必要です）。

具体的なお加持の方法は、三密《さんみつ》加持《かじ》といい、三密（身密＝仏様の動作、口密《くみつ》＝仏様の言葉、意《い》密《みつ》＝信じる心）を使ってお加持をします。

まず初めに、身を清め、服装を整え、心を鎮めます。

そして、次の順序で修法を行います。

①礼拝　②開経偈《かいきょうげ》　③懺悔文《さんげもん》を7返唱える
④三帰《さんき》を3返　⑤三竟《さんきょう》を3返　⑥十善戒《じゅうぜんかい》を3返
⑦発菩提心《ほつぼだいしん》を3返　⑧三昧耶《さんまや》戒真言《かいしんごん》を3返　⑨般若心経を1返
⑩大日如来様の真言「（オン）アビラウンケン」を2000～1万返唱える

というものです。

大日如来様の真言を唱える時は、呼吸が大事だと言われています。また、「（オン）アビラウンケン」は時間が経つにつれ、声なき声となり、うなる音を聞くようになります。そして、音と呼吸が一致して大きなリズムになります。この時は、心の中で、アビラウンケンと唱えています。

意密は信じる心と書きましたが、別の表現をすれば、意密とは如来と一体であると観想し、集中することです（ありのままの自分の姿一切を信じ知ること）。意識の集中が完璧になれば、み仏が自分の体の中に入ってくるのを感じ、また自分もみ仏の中に入っていくのが感じられます。この状態を入《にゅう》我《が》我《が》入《にゅう》といいます。

この時に、**一切の病因を作った業因は、仏様の生命に吸収せられ、真言の響きとなって生命自体が、自分自身に湧力して病所変じて空となり、爾然《じねん》の力に帰結して健やかになると観想します。**

それにより、病者に加持力（仏様の治癒力）が作用し良くなるのです。書くのは簡単ですが、実践は、相当力を持った行者（あるいは余程信心の深い人）でないと難しいと思います。

織田隆弘先生も、観想をこらして修行したらしいのですが、心水を鏡のように静かにして仏日の影、すなわち太陽を映すことは不可能だと思ったそうです。

「加」とは如来の大悲（如来が与える力、衆生を救おうとする力）を、「持」とは衆生の信ずる心（大悲を素直にいただく心）を言います。

「信ずる人によって大悲が得られる」

と、お大師様は説いていらっしゃいます。

さらに、

「三密加持すれば速疾《そくしつ》に顕わる」

と教えています。三密というのは、「手に印を結び、口に真言を唱え、心で観想すること」です。それは、仏様の三密です。衆生のそれは三業《さんごう》といいます。お加持をするためには、仏様の三密が必要です。

すなわち、我とか業を省みて、自力を捨てて、仏様の与えて下さる三密を堅く信じ、そのまま素直にいただくのです。こうして、「信じるところ」に必ず加持が現前するのです。また、不思議が出て来るのです。奇跡も生まれるのです。

仏様のお力で大きな変化をする、これを「神変加持」とも言います。だから病気が治るわけです。

繰り返しになりますが、三業と三密を相応させようとすること(自力によるお加持)を捨て、無我になり、如来の大悲を信じることにより、お加持が可能となります。

織田先生はこれを、真言宗のお坊さんで初めて、「絶対他力易行道《ぜったいたりきいぎょうどう》」と称しました。すなわち、頂いた「真言」、頂いた「姿」、頂いた「信心」です。

易行道の大事なことは、己に如来が加持力を以て働いている事実を深く信じることである、すなわち、真の信心がなければならないことです。

高野山にはたくさんの僧侶がいますが、お加持ができる方はほとんどいないそうです。従って、織田先生もお大師様の仰られたことを学ばれ、創意工夫してお加持を体得されたのです。織田先生のような方は、もうなかなか出ていらっしゃらないのではないかと思います。

補足i……お大師様は「**三密加持すれば速疾に顕る**」と仰っています。すなわち、大日如来様と一体であることを信じ、大日如来様の大悲が病者に働くことを信じ、病者の病気が良くなることを観想することにより、病者の自然治癒力が高まり、病気が改善されていくのです。

ii……真成院で織田先生が行っていたお加持も、病者の病気が良くなると観想しますので、お加持を受ける場合には、住所、氏名、年齢、病気の内容、写真などの情報が必要と言えます。もちろん対面でも遠隔加持でも行っていただけます。

第2章でご紹介したように、玉城先生は、「如来とは純粋な命＝ダンマ」であると言われています。すなわち、悟りを得るとは、純粋な命を感得することであると言われています。如来（純粋な命＝ダンマ）は宇宙に遍在しており、私達も命を頂いており、すべての人の命は繫がっていると言えます。如来は、衆生を救おうとしており、如来と行者が一体となったとき、行者の思い、すなわち如来の思いが患者の救済に働くことは当然の理と言えます。

＊　＊　＊

第2章でご紹介した、難病を治されている和尚さん達の、「料金」「治療対象者」「病気と凡《およ》その治療期間」「遠隔と対面方法」などについては、それぞれのお寺さんによって異なります。ご興味のある方は、事前に疑問事項などについて対象のお寺さんに問い合わせてみることをお勧めします。

なお、治療して下さる和尚さんによる、修行の円熟・未熟の差はありますので、それによる病気快癒の遅速や効果に差が出たりすることもあります。

補足……治療対象者としては、そのお寺の信者さんを対象としているお寺と、すべての方を対象にしているお寺があります。治療方法として、遠隔で治療する方法と対面で治療する方法があります。対面の場合は、そのお寺に行く必要があります。

第8章 人生の目的と正しい生き方

1 我々の世界の原理

全宇宙は「因果の法則」に従って、絶えず変化しています。すなわち、因（原因）が果（結果）となり、その果が次の因となり、そうした積み重ねにより、変化に変化を重ね、地球上で言えば今日のような世界ができ上がったのです。因果の法則は、全宇宙のすべてに作用します。もちろん、私達やあの世の人霊にも作用します。

「因果の法則」に関して「因果応報（の原理）」という言葉があります。これは、良い行い（善業）をすればいい結果が得られ、悪い行い（悪業）をすれば悪い結果が待っている、ということを意味します。すなわち、過去世や現世で人殺しや強盗などの悪い事をした人間は、未来世で必ずその報いの人生が与えられます。

補足……因に作用し、果を結ばせる作用を「縁」と言います。

人間の霊魂は、これまでお話してきたように永遠不滅で、何回も輪廻転生を繰り返しています。何故、輪廻転生を繰り返すかと言えば、霊的成長（浄化）を図るためです。付属的な目的として、過去世の返さなければならない悪業（カルマ）を返す目的もあります。悪業を返すとは、過去世で行った悪業を受ける、ということです。例えば、過去世で一方的に離婚し、伴侶を悲しませ、苦しませたとすると、現世や未来世で一方的に離婚され、過去に伴侶が受けた悲しみや苦しみをそれにより学習し、魂に刻み込むのです。それにより、未来永劫に一方的な離婚はしなくなるのです。過去世の悪業は、肉体を持っている時だけしか返せません。現世や過去世で悪業を行った人は、例え現世で法の裁きにより裁かれなくても、大日如来様にはすべてがわかっており、然るべき裁きが必ず待っています。

その一つは、悪業の内容に応じて、あの世で地獄界と呼ばれるような劣悪な環境下で数百年間苦しまなければならないのです。

二つには、長い苦しみの後漸く転生することができたとしても、魂のレベルが低いので、厳しい生活環境が待ち構えています。

三つには、自分が犯した悪業の報いを受けることになります。すなわち、過去世に殺人を犯して、その罪を償っていないとすれば、現世または未来世で殺されるということになります。

こうした原理がわかると、この世で悪業を犯すことは、何倍もの罰を必ず受けることになり、正しい人生を過ごすことが、如何に賢明なことであるかが、おわかりいただけると思います。

2 現世の使命（お大師様のお話）

私達は過去世のカルマ（行い）や霊魂の進化の度合いをもとにして、現世で解消すべき使命（学ぶべきテーマ）が与えられます。

以下は、お大師様が人間だった時の、お大師様の使命についてのお話とのことです（超法輪会報誌『らしく』1986年第2号）。

私がこの世で生かされていた時、私が使命を持って生まれてきたということに気づいたのは、七才の時であった（それまで、他の者より目覚めたのは早かったであろうが、しかしこの使命をもらって生かされておるという形でその時は思っても、人生には波がある）。一生、七才からこの世を去るまでの間、本当に使命なのかということを、常に私の中で確かめたり、また、違うのではないかと悩む時期もあった。その繰り返しが、これひとつ人には言えん心の中の行であったな。この使命がそうでないかは大きなことであって、これはふつうそうであるが、〝これが私の本当の使命なのだろうか？〟ということを、とことんまで追求するのが、人としての正しいやり方ということになると思う。

そして私はそれを追求したいが為に、いろいろな行をした。これは歴史上ではな、世の為人の為にと行をしているように見えても、それも一理あるが、それより以前に、私はまず自分の為に〝これが使命だ〟と現世で悟りたかった。あの世に行けばわかるものだろうが、それでは遅い。それの追求、追求があの苦しい行になってきた。それだけ〝使命〟というものを〝知った事〟が私の中で〝苦しい〟ものであった。この話を、生かされておるそなた達に申したかったのは、今生きている事を〝使命〟と思っておらんであろう、そなた達。ただ生きているという者もおれば、生かされておると悟っておる者もおるが、しかしそれを、一人一人真剣に使命とまで思って生きてはおらんであろう？　それだけに、そなた達はいろいろな面で、生活の中でやはりどこかに〝気楽さ〟という部分が必ずあるはずだ。その気楽さが、行の妨げに時にはなることもある（しかし、気楽さも時には必要ではあるがな）。使命をもらって生きておると思う事が大切なのである。思って、目覚めて、それを追求する行をすることが、すべて結果的に良い事に繋がっていく。だから、〝行する〟〝行する〟と辛い事ばかりして現世を生きるというのではいかんということ。必ず、〝これは使命ではないか？〟と、つまずいた時に考えて、それを追求していく事が〝行〟につながっていくのであって、こういう考え方で日々生活していってもらいたい。

私が七才で知らされたのは、多分あの世からの知らせであったろうと思う。自分の中から、湧いてきたものではない。行ということは、自分との戦いであるから、やはり人には言えん。苦しいといえば、苦しい。口に出さずに心で行をすることはな、現世で覚えたかったのでな。やはりあの世へ行って、自分が納得できた時は、大師としても涙したな。

この世で皆そうであるが、いろいろな修行、修行と申しておるが、そういう〝言葉〟ではなく、まず生かされておる使命というもの、これは皆持っておるゆえ、〝何故私はこの世に生まれさせられたのか？〟を一人一人考えてほしいな。それぞれ何かがあるはずだ。ほんのひと時でもよい。人を助けた、それが使命かもしれぬ。

しかしそれだけで満足していてはダメだ。〝まだ他にあるのではないか？〟この繰り返しが、仏に仕える者の本当の行だと思う。これは、一般の人に言うにはあまりにも難しいかもしれぬが、修行する者なれば、忘れてはいかんと思う。

補足……わずか7歳で自分の使命がわかるなんて、さすがにお大師様はすごいですね。

お大師様は、お釈迦様と同じく、この世に(特に大日如来様の)法を広めるためにお生まれになったのだと思います。もちろん、お大師様は、諸々の能力、才能を持っておられた方ですので、それにとどまらない使命をお持ちだったと思います。

それにしても、自分の使命をどうして知るかが問題です。一番良いのは、松井先生のような、ご神仏とお話しできる方にお願いして、自分の使命は何かを、お大師様などに聞いていただくことだと思います。

3 人生の目的と正しい生き方

人生の目的とそれを受けた正しい生き方、そして、これまで述べてきた重要な事項について、お話しします。

❶あの世、階級世界、霊魂、霊格、修行、輪廻転生、波動とエネルギー

第1章の図3に示すように、「この世」「あの世（幽界、霊界、地獄界）」「天上界（神界と仏界）と称される世界」があり、それらはすべて階層（級）世界です。

人間は、肉体と幽体と霊魂で構成されており、死ねば幽体と霊魂となり、最終的には霊魂だけが残ります。霊魂は、私達の本体といえます。

肉体がなくなっても肉体に付随する性欲や食欲や負の感情がなくなるだけで、その他のことは、人間と同じことができます。さらに、より次元が高くなるので、自由に移動したりすることもできます。従って、人間(霊魂)は永遠であり、人間は死なないということもできます。神や仏も霊魂的存在です。

補足……人霊やご神仏も供物を食します(霊的エネルギーを摂取するので形は変わりませんが、果物などは味が落ちます)。ただし、人間のように、食べなければ生命を維持できないということではありません。ある意味では、食欲が全くないとは言えません。ご神仏は、霊的エネルギーを摂取することにより、パワーを回復することができます。

ある霊能者が、参拝者がめったに来ない山の上の神社に参拝し供物をささげた時に、神様は、

「これでこの一年は力がだせるであろう」

と仰ったそうです。神様も、お腹が空いては(霊的エネルギーが下がっては)働けないことがわかります。

……なお、人間は死ねば負の感情はなくなりますが、喜怒哀楽の感情は、死後も暫くの期間残ります。その感情も、時を経て徐々に薄れて行きます。

この世には、悪霊（幽霊、地縛霊、浮遊霊、生霊など）や魔などもいます。生霊は、人間の強い念（例えば、一方的な恋慕）が霊となったもので、人に憑依したりします。幽霊なども人に憑依します。霊に憑依されれば、「体が重たく、どんよりした物が乗っていると感じ、体調や運勢が悪くなりますので」、霊能力と法力を持った和尚さんによる除霊をしていただく必要がありま す。生霊の除霊は難しく、最も厄介な霊です。生霊の除霊ができるのは、お不動さんだけだそうです。

人間も、人霊も、神も、仏も、すべては（霊）魂と波動とエネルギー（力）を有しています。人間は波動もエネルギーも低く、人霊は階層が高くなるにつれ波動とエネルギーは高くなります。波動とエネルギーの最も高いのは神様と仏様ですが、神様や仏様にも階級があり、階級の高い神様や仏様ほど波動とエネルギーは高くなります。

人間も人霊も神様も仏様も霊格（霊の浄化レベル）を持っています。例えば人間では、かつてのお釈迦様やキリスト様は霊格の高い人間であり、犯罪者は霊格の低い人間です。最も霊格の高いのは神様や仏様です。神様や仏様の中でも、階級の高い神様や仏様ほど、霊格は高くなります。人間も人霊も神様も仏尊も（眷属も）、霊格を高め階級を上がるために修行しています。

人間は死ねば、ほとんどの人はあの世に行きますが、お釈迦様やキリスト様のように霊格の極めて高い人は仏界や神界に行かれます。殺人者などの凶悪な犯罪を犯した人は霊格が極めて低く、地獄界と称される世界に行くことになります。地獄界と称される世界は、暗く、じめじめした、悪臭の漂う、さまざまな苦しみのある世界であり、最下層の地獄界に落ちた者は二度とこの世に出て来られないと言われています。

人並みな人生を過ごした人達は、ほとんどの人が幽界のそれぞれの人の霊格に応じた階層に行きます。かなり霊格の高い人間は、幽界の上の霊界に行くことがありますが、これは稀と言えます。あの世に行った人霊達も、階層を上がるために絶えず修行をしていますが、自力で階層を上がることは難しいと言われています。

幽界や霊界では、階層が低いほど環境や待遇や自由度が悪く、低い波動とエネルギーを有しています。幽界の中以上の階層になると環境や待遇や自由度はかなり良くなり、波動もエネルギーもより高くなります。幽界から見れば霊界は天国のような所と言えます。

人霊は通常数十年~数百年程度あの世で過ごし、この世に輪廻転生します(短期間に転生する人霊も時々います)。私達は、最終的な霊格の目標を持っており、その霊格のレベルに近づくために、極めて長い期間輪廻転生を繰り返します(桜井識子さんは、2000年間位の間に136回転生しているそうです)。

如来以外のご神仏も転生しますが、大変長い期間を掛けて転生します。

死んでもあの世に行かないで、この世に留まっている霊(不成仏霊)もいます。不成仏霊は、霊的成長が止まったまま(時が止まったまま)であり、輪廻転生することができませんので、苦しみのあまり騒ぎを起こし、この世に災いをもたらす可能性があります。


補足……「**魂は永遠である。心するように！**」とは、地蔵菩薩様のお言葉です。仏教では、個々人の我が霊魂として永遠不滅に存続するという説を「常見」といって、否定しています。仏教では死後の生命は法界(全宇宙)にあって、前世の因果を感じながら、縁に会ってまた生じると説いています。すなわち、法界には変化しない絶対的なもの(真我)はなく、すべては因縁により変化している、ということです。


仏教では、「願《がん》以《に》此《し》功《く》徳《どく》　普《ふ》及《ぎゅう》於《を》一《いっ》切《さい》　我《が》等《とう》与《よ》衆《しゅ》生《じょう》　皆《かい》共《ぐ》成《じょう》仏《ぶつ》道《どう》」と唱え、すべての衆生が成仏することを仏様に願いますが、仏様でも成仏させられない霊がたくさんいます。不成仏霊になっている理由はさまざまです。

例えば、仏様の話さえ聞かない霊、この世に未練のある霊、死んだことがわからない霊、靖国神社の霊のように約束した友を待っている霊、源氏憎しと言ったような怨念を持ち続けている霊、生き埋めにされて動けない霊、過去世で起こした問題が解決していない霊などです。

補足……最も不成仏霊が多いのは靖国神社です。数十万人の不成仏霊がいます。彼らのほとんどは、未だに「日本の国を守らなければいけない」という一念で不成仏霊となっています。従って、霊能者などが、「すでに戦争は終わり、日本は70年以上平和であり、もう日本を守る必要はありませんので、どうか成仏して下さい」と話をすれば、多くの霊は成仏します。

本書「はじめに」に、「何故人間は生まれ、成長し、死ぬるのか」という疑問を載せました。地球に生きる動植物の自然の摂理と言えばそれまでですが、霊的に見れば、この世には年齢（子供、少年、青年、中年、壮年、老年）に応じた試練（修行）があり、その試練を克服することにより学習し、魂を磨くためと言えます。

また、過去世に悪業を作っている人は、現世または未来世で悪業を作った年齢になった時に、そのカルマを返さなければならないからとも言えます。

❷ 人生の（恒久的）目的

人生には大小、長短期のさまざまな目的があります。

例えば、一生懸命勉強し良い大学に入る目的、立派な社会人となり社会に貢献する目的、良い家庭を築く目的、子供を立派に育てる目的などです。しかし、それらのどの目的も、人生の目的とは言えません。それらは、その人生における、いわば一過性の目的と言えます。

私達は、繰り返し転生する人生に共通な、恒久的目的を持って、それぞれの人生を生きているのです。一過性の目的は、恒久的目的を前進させるためにあります（後退する行為をする人もいます）。

恒久的な目的は、「この世」のみの目的にとどまらず、「この世」「あの世」「神界」「仏界」のすべての世界に共通する目的です。

恒久的な目的は何かと言えば、それは「魂の（霊格）の向上（浄化）を図ること＝霊格を高めること」と言えます。最も高い霊格を持っているのは、ご神仏、とりわけ如来です。

私達の最終的な目的は、霊格を高め最高神や如来になることです。それには、気の遠くなるような期間が必要です。

補足……人生の目的については、宗教者や学者達が、いろいろ話していますが、的を射ていると私には思えません。

私の知る限り、人生の目的を正しく理解しているのは、京セラの創業者である稲盛和夫さんだけだと思います。稲盛さんは、私が本書で述べた本質的なことをすべて知っていらっしゃるとは思えませんが、人生の目的は、心を高めること、魂を磨くことであると話されています。

もちろん、立派な人間になること（魂の向上を図ること）を目的にしている方はある程度いらっしゃると思います。

人生の恒久的目的を知るということは、その目的を達成していくための正しい生き方を知ることができ、永い期間を掛けて達成する**人間の恒久的目的**に向かって、無駄なく、効率的に進むことができることになります。

もし、**人生の恒久的目的**を知らなければ、目的に向かって効率的に進むことはできず、遠回りしたり、間違いを犯したりして目標から遠ざかることさえあります（人生の目的を知らなくても、人生の目的に沿った生き方をしている人もいます）。

人生の恒久的目的について、仏教では次のように言われています。

幸運にも人間として生を受けたものとして、少しでも「人生の目的」について惹起し、考えることのできる人は、幸せの鍵、喜びの鍵、知恵の鍵を持った人である。
多くの人は、この最も重要な疑問すら持つこともなく、虚しく、また、苦悩の人生を終える。仏教では、それを無明と言う。すなわち、本当の知恵、喜び、心の安心を知らない人生である。

もちろん人生の恒久的目的を知らなくても、立派な(目的に合った)人生を送る人達がある程度いることも事実だと思います。

❸私達に関係する世界の概要

これまでの記述をもとに、私達に関係する世界の概要図を描くと、図9のようにあらわせます。

すべての界（現界、霊界、地獄界、神界、仏界）は階層世界です。それぞれの界が、いくつの階層で構成されているかは不明です。

霊界と神界の間には「浄明界」があります。その上には「神界」があります。昭和天皇は、神になられたばかりで、最高神である天照大御神様との間には、その階級に天と地ほどの大きな違いがあります。神界の階層は、大変多いと言えます。

仏界は、下から「天・その他」「明王」「菩薩」「如来」の段階に分かれていますが、天・その他の仏様でも相当上位の神様以上のお力をお持ちです。仏界は神界より上にあると考えられます（第1章の図3では神界と仏界を天上界として描いています）。

すべてのモノは「霊格」を持っており、超低級霊、低級霊、中級霊、高級霊、超高級霊に区分されます。それぞれは、さらに細かく階級分けされます。

例えば、同じ如来であっても、お大師様と親鸞様ではランクが異なります。神界と仏尊

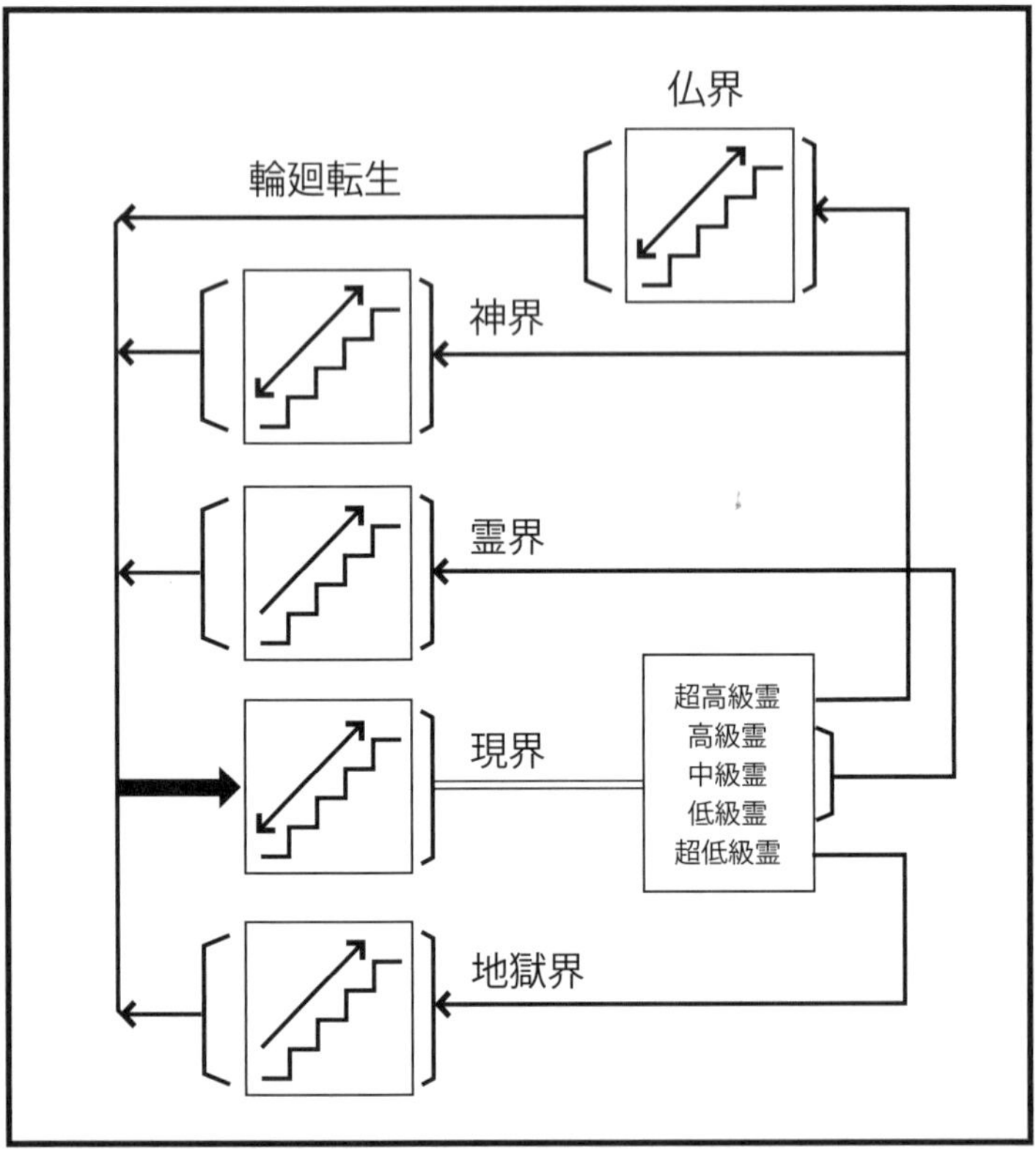

図９　霊格、階層世界、階級、輪廻転生

この図の中心は現界です。右側は、現界には超低級霊～超高級霊にあたる霊格を持った人たちが混在していることを示しています。

超高級霊の人達は、死後仏界や神界に行かれます。超低級霊は、死後地獄界に行きます。他の人達は、死後霊界に行きます。現界に書かれている左側の幅広の矢印は、輪廻転生の矢印です。輪廻転生は、仏界の仏尊達、神様、霊界の人達、地獄界の人達、が輪廻転生します。

界は大変厳しい世界であり、間違いを犯すと降格されます。

神界と仏界が別個に書かれていますが、神界と仏界は密に繋がっています。例えば、第3章に記すように、お大師様が、私に、

「天照大神をつかわそう」

と仰った直後に、天照大神様が降臨されました。

最高神や如来になるまでには、実に多くの階層があります。それらの階層の中には、上がることが大変難しい階層がいくつかあります。図3で言えば、7段から8段に上がる時（幽界から霊界に上がる時）、14段から天上界に上がる時、菩薩から如来に上がる時は、とりわけ大変な努力（大幅な霊格のアップ）が必要と言われています。

❹霊格を高めるための方法

霊格を高める方法としては、

①この世での修行

②あの世での修行

③子孫による先祖供養

の三つがあります。

私達がこの世でできることは、①この世での修行と③先祖供養です。

これらの三つの内、最も霊格を高められるのは「この世での修行」です。そのため、この世では、できるだけ魂の向上が図れるような正しい生き方をすることが大切です。

また、先祖供養と修行により、ご先祖は魂を浄化し（階級を上がり＝霊格を高め）、ある程度の霊力を持つようになれば子孫を守護するようになるため、子孫は円満な人生を送れるようになります。ご先祖が霊界の上の階級に上がるほど、守護は強くなります。

ご先祖が自力で階級を上がることは難しいことですので、後述のように私達がきちんとした先祖供養することにより、ご先祖の階級を上がるスピードを速めてやることができます。

それには、自宅での日々の先祖供養に加え、子々孫々にわたり「毎月、お力を持ったお寺での先祖供養を行うようにすること」も大変大切です。とりわけ、春と秋のお彼岸とお盆は、お寺での先祖供養をお願すべきです。そうした先祖供養を続ける一家は、間違いなく「幸せな一家、繁栄する一家」となります。

ご先祖が階級を上がることができるということは、やがてあの世に行く私達も階級を速く上がる(階級が上がる＝霊格が上がる、環境や待遇や自由度が良くなる、霊力が上がる)ことができることを意味します。

❺この世とあの世の関係

天上界を除く、この世とあの世の関係は次のように言えます。

この世の状態（魂のレベル、人間のレベル）は、転生する前のあの世でいた階級とこの世での魂の磨かれ度合を反映したものです。

一般的には、この世で人間として立派で、社会に貢献し、徳のある人、すなわち、魂のレベルの高い人は、あの世（霊界）でかなり高い階級に居た方です。逆に、犯罪を犯したりする魂のレベルの低い人は、あの世で低い階級にいた人です。

また、死後に行く霊界の階級は、生前のあの世での階級（霊格）とこの世での魂の磨かれ方（霊格の上下）の相乗結果によって、決まります。

このように、あの世とこの世は関係しあっています。すなわち、この世で霊格を高める生き方をした人は、霊界の高い所に行くことができ、そして転生する時はよりよい人生環境、人間として生まれてくることができ、魂を浄化する生き方ができると言えます。逆に、この世で魂を汚す生き方をした人は、霊界の低い所（最悪は地獄）に行き、そこで苦しみの日々を過ごし、そして転生する時は恵まれない人生環境、人間として生まれてき、魂を浄化する生き方ができ難い、と言えます。

従って、一家の繁栄や、良い来世を望む人は、この世でできるだけ魂を高める生き方をすることと先祖供養を代々きちんと行うようにすることが必要です。時々、神様や仏尊も転生してきますが、それらはキリスト様やお大師様のように、教えを広め、人々を救うためです。松井先生は、孔子の生まれ変わりとして何世代か過ごしていますが、前前世と今世で仏教に従事し多くの人を救い、ご神仏に認められ、死後大日如来様により仏界(多分菩薩の位)に引き上げられましたが、このようなケースは稀と言えます。

補足:i……成仏するとはどういうことかと言うと、あの世の世界(神界、仏界も含む)に落ち着くことを言います。普通の人間は、幽界か霊界に落ち着くことです。成仏の正規の意味は、成は開くの義であり、成仏とは我が身そのままに仏界(仏性)を開くということです。あの世の霊達にはこの世が丸見えです。そして、この世と同じように、いろいろなことがあの世で話題になったりします。例えば、この世で話題の本が、あの世でも話題になったりします。あの世は、非常にこの世とよく似た部分がある世界です。

ii……松井先生が大日如来様により上の仏界に引き上げられたのは、松井先生が生前中に救った人達の後押し(感謝の念)によるものだそうです。生前中、人を救ったり、人のために尽くしたりして徳を積むことが大事であることがわかります。

❻正しい生き方

正しい生き方を具体的に、簡潔に説明することは難しいことです（正しい生き方論については、人により異なる意見もあるのではないかと思います）。

まず基本的なこととして、私達は「貪《とん》、瞋《じん》、痴《ち》（執着心、怒り、愚かしさ）」の三毒を持っています。そのために、際限なく物を欲しがったり、自己中心的な心で腹を立てたり、実体のないものを真実のように思ったり、いろいろな間違いを犯します。

また、波動の低い肉体を持っており、肉体には、嫉妬、傲慢、意地悪な感情、食欲、性欲などが付随しています。波動の低い人間には、こうした諸々の「負の感情」をコントロールすることは難しいことですが、できるだけそれをコントロールすることが大切です。そうした「負の感情」は波動が低く、持ち続けていると霊格もそれに引っ張られて低くなる可能性があります。負の感情のみならず、負の行為も霊格を低くすることは言うまでもないことです。

正しい生き方とは、霊格を高める（魂を磨く）生き方ですが、人生における幸福と不幸（苦しみ、悲しみ、貧困など）との関係を疑問に持たれる方もいると思います。

カルマの法則（原因と結果の法則、因果の法則）によれば、正しい生き方（原因）をすれば、幸福な人生（結果）が得られることになりますが、結果が得られるスパンは過去世の業因も作用するため、人により異なります。また、私達には魂を磨くための使命もあり、不幸と思えるようなさまざまな試練（苦しい事、悲しい事、貧困なども）が課せられることもあります。過去世で悪い事（間違った生き方）をしていれば、今世でいくら正しい人生を送っても、不幸な人生を送る場合もあります。それは、過去世の悪いカルマを今世で刈り入れているということです。今世で不幸であっても正しい人生を送れば、未来世で必ず幸福な人生を得られます。

私の考える正しい生き方をより具体的に表現すれば、

この世で与えられた使命を果たし、報恩の心を大事にし、

家族を大事にし、身内のため、他人（社会）のために尽くし、

ご神仏を崇拝し、ご先祖を供養し、

負の感情を正しくコントロールし、八正道を実践し（常に正しい心を持つ）、

十善戒《じゅうぜんかい》を参考に正しい行い（善行）をし、

謙虚な姿勢で、感謝の念を持ち生きていくことです。

お釈迦様は、幸福な人生を得る方法として「八正道」を見つけられました。すなわち、正しい――「理解」「思考」「言葉」「行為」「生業」「努力」「気づき」「集中」です。

正しい生き方の、最も身近な指針として、仏教には「十善戒」があります。それは、不殺生《ふせっしょう》、不偸盗《ふちゅうとう》、不邪淫《ふじゃいん》、不妄語《ふもうご》、不綺語《ふきご》、不悪口《ふあっく》、不両舌《ふりょうぜつ》、不慳貪《ふけんどん》、不瞋恚《ふしんに》、不邪見《ふじゃけん》です。これらを守る生き方をすることが大事ですが、人間にはなかなか難しい課題です。十善戒は、実行しなくても心で思っただけで「戒を犯した」ことになります。例えば、「あの野郎、殺してやりたい」と思っただけで「不殺生の戒」を犯したことになります。

十善戒

不殺生（人の正意や人を殺さないこと）
不偸盗（嘘で金を集めない、物を盗まない）
不邪淫（夫婦以外の異性と交わらない）
不妄語（非真実を真実と語らない）
不綺語（真実にそむいて巧みに飾り立てるおべんちゃらをしない）
不悪口（必要のない自分有利の悪口を云わない）
不両舌（嘘を言わない）
不慳貪（ケチ、特に仏法興隆を惜しまない）
不瞋恚（自分の不利益に感情で怨《いか》らない）
不邪見（人の善意を悪く解したり、因果の道理を無視しない）

十善戒を守ることは、極めて難しいことと言えます。もし、戒を破った場合には、仏様に心から懺悔します。仏様に対する懺悔の方法は、心から懺悔文《さんげもん》を7回以上唱えます。懺悔文は「我昔所造諸悪業《がしゃくしょぞうしょあくごう》、皆由無始貪瞋痴《かいゆむしとんじんち》、従身語意之所生《じゅうしんごいししょしょう》、一切我今皆懺悔《いっさいがこんかいさんげ》」です。

人間は肉体があるが故に、「食欲」「性欲」や、「怒り」「嫉妬」「傲慢」「意地悪な感情」などの「負の感情」があります（もちろん、喜びや感動などの正の感情もあります）。その備わった低い波動の負の感情を、どうコントロールするかが人生の修行の最たるもの（魂を磨く修行）であるとも言えます。

人間の中で魂の波動の高い人（霊格の高い人）は、負の感情をうまくコントロールすることができますが、波動の低い人は負の感情をコントロールするためには、相当の努力が必要です。

負の感情の対処を誤れば、悪業を作る可能性もあります。また、波動の低い負の感情を持ち続けていると、霊格は下がります。さらに、細胞が不活性化し、免疫力は下がり、身体の正常な機能を壊します。

不安や不満や対人関係などのストレスは、マイナスの意志なので、ストレスが強くなれば、細胞を破壊し病気になったりすることもあります。従って、ストレスに負けない強い意志（プラスの意志）を持つことや、ストレスの原因に執着しない（ストレスの原因を受け流す

＝なるようになるわと鷹揚《おうよう》になる）ことが重要です。

補足……油井先生は、「報恩の心は魚における水の如きものであって、万人が片時もその心から放してはならぬ、一つの自然力としての生存条件に他ならない。最も手近な親の恩を思わぬ子は、いつか社会にも容れられぬ浮浪漢《ふろうかん》となり了《おえ》るを常とする。報恩の心によってのみ、その社会的生活を保ち得るものであることを知得しなければならない」（『わが見神記』）と書いています。報恩の心がない人は、まっとうな人生を送れないとも言えます。

子供は「家庭と学校と社会」で教育されていましたが、現在はそれらが荒廃または脆弱《ぜいじゃく》な環境になっており、子育てが難しい状況です。

例えば、立派な大人になっていない親が子育てをしているケースも多く、育児放棄や虐待も多発しています。そうした十分な教育を受けていない子供たちが大人になれば、同じような子育てをすることになります。

子供の魂は修行の始まりの段階であり、親や周囲の大人が導いてやらなければ、その魂は磨かれず、いじめなどの事件が発生することになります。

親にとって、子供はいつまでも子供であり、導いてやる存在です。また、結婚とは、お互いに認め合い尊重し合い、お互いを高めることが目的です。そして、子供を持ち、愛おしみ、慈しみ、常識ある(正しい行いができる)人間に育てていくべきであり、これらのすべてが修行と言えます。

苦を抜き、楽を与え、霊格を高める安易な方法が一つあります。それは、般若心経を写経することです。

お大師様の『般若心経』の説明文(『般若心経秘鍵《はんにゃしんぎょうひけん》』の中のお言葉)に、

「**誦持講供《じゅじこうく》すれば苦を抜き楽を与え**」

と書かれています。

補足……私の母は死後30年程経っていますが、まだ幽界の低い階層にいます。信仰心が深いほどその人の霊は高級になるそうです。すなわち、あの世に行った時に、信仰心が深いほど上の階層に行くことができる可能性があり、また、階層を上がるスピードも速い可能性があると言えます。信仰心がいかに大切かがご理解いただけると思います。もちろん、この場合の信仰心とは、大日如来様に認めていただける非常に深い信仰心であり、新興宗教などは論外と言えます。

私達夫婦は、超法輪の和尚さんの勧めで2012年の10月頃より、一日一枚写経をしています。大変不思議なことに、写経により仏様の功徳を受けることができます。すなわち、写経した用紙には、私達の悩みや身体の悪い所などが反映され、悪い個所が治されていく効果があるのです。

もちろん、魂が徐々に磨かれていきますので、少しずつ顔つきが変わって来るそうです。私達は100部完成するごとに、仏様に納経していただき、どういうことが写経用紙に反映されているか、和尚さんに霊視していただき、お伺いしています。うつ病などの精神的な病気なども写経をすれば治るそうです。写経は正しい生き方の簡便な一手段と言えます。

補足……誦持講供すれば苦を抜き楽を与えとは、読経することにより現世利益を得ることができるという意味です。写経をすれば、誦持講供以上の利益が得られます。写経を仏様に奉納すれば、仏様はそれをご先祖に届けてくれますので、それによりご先祖は供養され、（魂の浄化の）サポートを受けることができます。また、仏心を磨くことができ、執着心にあまりとらわれなくなるそうです。

過去（世）に悪業を犯しているなら、償いをしなくてはなりません。そして、間違った考えや行い（例えば、十善戒に背く行為）をすれば、心の底から仏様に懺悔することです。懺悔することにより、多少罪は軽減され、また、例え現世で報われなくても、必ず霊界の高い所に行くことができ、良い未来世を迎えることができます。正しい生き方をするということは、表面的や刹那的でない、本当の幸せとは何かを知り、充実した幸せな人生を送れるようになります。

補足……悪業を作った場合には、懺悔文を読み仏様に心からお詫びを続けることの他に、人々から感謝される善業を行う（徳を積む）ことと愛と慈悲の心を持つことが悪業を薄めることになります。

また、仏教には「自利利他《じりりた》」という言葉があります。

自利とは、自分や家族（身内）のためになることをすることで、利他とは他人や国家などのためになることをすることです。利他を行うことを「徳を積む」と言います。できるだけ、自利利他のバランスが取れたような活動をすることが大切です。多くの人間は、初めは自利の心（自分のため、家族のためなど）が強いのですが、正しい仏教を学習し、実践していくと、次第に利他の心が開かれてきます。そうして「より高い人格者」になることです。

❼転生の目的と現世の使命、業と因果応報

人間のさまざまな行いを「業(カルマ)」と言います。この世で作ったすべての世代の業は、魂に刻み込まれていきます。すなわち、私達は数十~数百世代の業を魂に刻み込んでおり、玉城先生はそれを「業熟体《ごうじゅくたい》」と言っています。それに基づき、過去世で悪い業を作れば、現世(または未来世)でその業を返さなければなりません。また、人間は魂の成長(浄化)が絶えず求められています。

転生の基本的な目的は、「魂の成長を図ること、過去世の悪業を償うこと」ですが、魂の成長を図るために新たなことを学習することを含んだ使命が与えられます。従って、自分の使命は何なのかを追求し、できればそれを知り、使命を成し遂げることが大事です。過去世で作った悪業は人間である時でしか返せません。法界には「因果応報の原理」が働いており、誰もその原理からは逃れることはできません。

悪いことをすれば、現世または未来世で悪い結果が待っています。さらに、悪いことをすれば、あの世で低い階層、すなわち劣悪な環境下で何百年も苦しむことになり、結果としては、悪いことをすれば、大きな報いを受けることになります。すなわち、悪い行いを

すれば、何倍も苦しむことになります。従って、決して悪い行いをすべきではありません。
魂に過去世の業(行い)が刻まれていますので、現在病気をしている人の中には過去と深い関係がある場合があります。すなわち、その病気で苦しんで死にたくないと思って亡くなった先祖がいれば、その思いが生きている子孫に因果として出て来るのです。身体が動かない難病や、因縁からくる難病、癌なども、因果として出てきている可能性があります。

不成仏霊と過去世の業に関する事例があります。

松井光輪先生の所に、20歳の女性が相談に来ました。その女性は、年に1~2回意識不明になることと、時々お腹が急に強烈に痛くなることがありました。

先生がご神仏に聞こうとしたら、その女性の前世のときの声が聞こえて、次のように言ったそうです。

「私は刀の研ぎ師で、A家から預かった名刀を研ぎ終えた直後に急死しました。息子は、預かり先がわからず、誤ってB家に納入しました。その刀は、人を切ったことのある刀でしたが、B家の人も他人の腹を切り、その人は死にました。私は、人を切った刀を、間違って渡したことの意識が消えず、そのため成仏ができず、お詫びをするために、今世にA家に生まれました」

それが、20歳の女性でした。お腹が痛くなるのは、腹を切られた人の因縁です。この場合は、先祖供養するだけでは解決できず、人を切ったB家と、腹を切られて死んだ人の家の供養も同時に行う必要があります。

原因のわからない病状がある場合など、こういう事例がある家も時々あります。その場合はご神仏とお話ができる和尚さんに相談し、原因と問題の解決をしていただく必要があることをご留意下さい。

私達は、過去世の因果の積み重ねの結果として、この世に存在しています。従って、兄弟姉妹でも異なった業熟体《ごうじゅくたい》であるため、性格や人生の内容(容姿、運・不運、幸・不幸、財力、能力など)が異なるのは当然のことです。このように、今世を生きている私達には、先祖の因縁や業が作用する場合がありますので、先祖供養をきちんと行い先祖の悪因縁の作用を絶つことも重用です。

補足……人間は、いろいろなことを経験し、学習することやさまざまな試練を克服したりすることなどによって、魂を磨くことができます。例えば子供が魂を磨く試練を与えられた時に、親(他人)がそれを邪魔をするといったように、親であれ、子が魂を磨くことに対し口出ししてはいけないそうです。もちろん、うまくいくようなアドバイスをすることは問題ありません。

❽個人の業と共業

業には個人の業と集団の業があります。集団の業を「共業《ぐうごう》」と言います。集団としては、家族、学校、会社、地域、市町村、県、国、といったさまざまな集団があります。例えば、典型的な集団の業としては「戦争」があります。

私達には、個人の業と共業が作用します。従って、悪い共業の悪果を受けないためには、時には大変勇気のいることですが、個人として「正しいことをする」ということです。

共業にはさまざまな集団の共業があります。それぞれの共業と個人の業は魂に刻み込まれていきます。刻み込まれた内容により、魂のレベルが決まってきますので、魂のレベルを上げるような、個人の業や共業を作ることが必要です。

❾ご神仏により生かされていることを知ることと信心の大切さ

ご神仏により、私達は生かされており、仏壇や神棚を設置し、ご神仏に感謝し、祈りを捧げることはご神仏の加護をいただくためにも必要です（ご神仏を決めて、信心しない人は、守護していただけません）。また、昔から行ってきたように、海や山や田畑などを守ってくれている神々に感謝の祈りを捧げることは大変大事なことです。そうした、昔からの自然や風習を大事にしていくべきで、ご神仏様を信心しない人は、この世ではあまり幸せになれず、あの世では、より低い霊界に行くことになります。

私の両親は、戦前、戦中、戦後の中で私達兄弟姉4人を立派に育ててくれました。余り信仰心は篤くありませんでした。そうしたことも一因と思いますが、人並みの立派な一生を送ったにも関わらず、2014年7月の時点では、霊界の低い階級にいました（階級は、魂の進化の度合いによりますが、信心や素直さや多聞心などは進化の度合いに関係があるようです）。

私達は毎月、超法輪で、私の実家や近親者の家など、全部で五家の先祖供養をしていました（2017年5月まで）。先祖供養する度に、各家のご先祖はいろいろな反応を示します。

私の実家は1年も経たずに、大変落ち着いてきました。

補足……5家の中には供養が届きづらい家もあります。供養が届かない（供養に関心が薄い）ということは、先祖達は階級を上がれないということを意味しますので、その間、より悪い環境と待遇で過ごさなければならないことになります。信心の大事さや供養を受ける素直さなどが重要であると思います。ご神仏は私達の真摯な祈りが必要であり、真摯な願いには必ず答えて下さいます。

ご神仏を信心していると、ご神仏が守護霊として付いて下さり守ってくれるようになることがあります。大日如来様やお大師様も守護を強くしなさいと言われています。そのためには、常にお願いするご神仏を決め、絶えず真剣にお願いを重ねることが大事です。また、大日如来様は「**人として正しき者、正しい心を持つことが大事である**」と仰られています。松井光雲管長と田内秀導和尚さんは虚空蔵《こくうぞう》菩薩様に守護されているそうです（2017年5月現在の状況。守護霊は時々変わります。光雲管長の以前の守護霊は、清滝権現様だったそうです）。

補足……すべての人間には守護霊が付いており、その背後には背後霊がいると言われています。ここでいう守護霊や背後霊は、本人より少し霊格が高い先祖霊です。世の中には、こうした霊と交信し、あたかもあの世のことがわかったかのように、話をしたり本に書いたりしている人達がいますが、あの世は階級によって異なる世界ですので、霊格の高くない守護霊や背後霊がわかる世界は、ほんの一部であると言えます。あの世のことを最もよく知っている人霊は、遠祖明神であり、神と同じ程の位につかれている霊神です。

仏様に心から帰依し、仏様とできるだけ「お近づき（尊敬し、感謝し、好きになり、真摯に礼拝する）」になれば、

①魂を磨くことができ、守護していただける可能性があります。

②あの世を管理しているのは仏様ですので、あの世での修行における仏様の力や導きを得ることができ、また、先祖供養（お経）をスムースに受け入れることができ、より早く階層を上がることができます。

③願い事を聞いてもらいやすくなります。

④病気も治していただける可能性があります。

このように私達は、この世でもあの世でも、仏様の功徳をいただくことができれば、この上ない幸せです。従って、仏様に心から帰依し、できるだけお近づきになれるように努力すべきです。

⑩ 仏壇と神棚とお参りの仕方

仏壇は先祖を供養し、仏様にお願いをする所です。そのためには、ご先祖の過去帳や位牌とご三尊（本尊と脇侍）の仏画や仏像が必要です。

過去帳や位牌はお性根（魂）を入れていただき、ご三尊は開眼供養していただく必要があります。

お性根《しょうね》入れや開眼供養は、ある程度力のある和尚さんでないとできません。お性根を入れ、開眼供養するということは、ご先祖や仏様と繋がることを意味します。

補足……お性根入れや開眼供養は、いわば、ご先祖や仏様と電話回線が繋がる、といったことを意味します。力のある和尚さんには、開眼供養すれば仏様の目が開くのがわかるそうです。力のない和尚さんの場合には、目が開かなかったり、半目しか開いていなかったりする場合があります。なお、ご三尊は宗派やお寺によって違います。一般家庭でお祀りする場合は、例えば、真言宗ではご本尊が大日如来様で、脇侍はお大師様とお不動様ですが、曹洞宗ではご本尊がお釈迦様で、脇侍は承陽大師様と常済大師様です。

神棚には、通常神様のお札を納めます。これは、そのお札の神様と繋がることを意味します。お札は、年に一度交換する必要があります。

たまに、ご神体に神様をお迎えする（ご神体に、神様の魂を入れる）こともあります。この場合は、一生ご神体を変える必要はありません。

お仏壇でのお参りは、線香やローソクを2本ずつ立て（線香の数は宗派により1〜3本とされていますが、私は仏様とご先祖に1本ずつの2本としています）、宗派の勤行次第に従い行うのが正しいやり方ですが、心からご先祖と仏様にお祈りするだけでも良いと思います。

ご先祖に対しては、仏様の下でご修行に励まれ、仏様のお力により、より高きお浄土にあがられんことを祈ります。仏様には、日頃のお守りいただいている感謝を述べ、すべての亡くなった方々の成仏を願います。そして、お願いがあればお願いの理由を告げ、お願いし、結果が成就した場合のお礼の行動についてお話すればいいと思います。

ご神仏への願いにおいて重要なことは真剣さです。いい加減な気持ちでお願いしても聞き入れていただけません。ご神仏は、私達の真剣さをご覧になっていることを理解して下さい。

補足……お願いが成就した時のお礼の行動とは、例えば「目標の会社に就職できましたら世のために一生懸命働きます」というように、個人の利益のためではなく社会に貢献するためのものであるべきです。

神棚でのお参りは、ローソク2本に（荒神《こうじん》様は、3本）灯をつけ、真っ直ぐな姿勢で立ち、二礼二拍手し、昨日お守りいただいたお礼を述べ、今日もお守り下さいますようにお願いし、願い事があればお願いします。

そして、「祓い給え、清め給え」と3回唱え、祝詞《のりと》や般若心経やその神様の真言などを唱えます（真言は7回唱えます）。最後に、一礼して終わります。

補足……参拝する神様によって、役柄が違います。

我が家には、天照皇大神様と荒神様をお祀りしていますが、天照皇大神様は日本の国を守護している神様ですので、まず「今日も何卒、日本の国をお守り下さいますように」ということをお願いした後、個人的なお願いなどがあればお願いします。荒神様は、土地の守護やお宝（お金）に関する神様です（土地の神様としては鎮宅霊符神様が、お金の神様としては恵比寿様が有名です）。日本には八百万の神がいらっしゃいます。多くの神様が諸々の役割を与えられ日本を、私達を守っています。

仏壇には、お茶、お水、ご飯、供物、お花をお供えします。お茶とお水は、毎日交換します。我が家では、ご飯は2日に1回交換しています（ご飯を炊いた時）。また、お花は、神棚と同じで1日と15日に交換しています（途中で枯れた場合は、取り払ったままです）。

神棚には、盛り塩、ご飯、お酒、榊とお水をお供えしています。神棚のお水は、毎日若水（朝一番の水)を交換します。榊と盛り塩とお酒は1日と15日に交換します。お仏壇にはお菓子(和菓子)と適宜果物などをお供えしています。

お盆の時は、より豪華な供物をお供えします。神棚にも適宜果物、玉子、野菜などをお供えしています。4月と10月(できれば正月も)には、より豪華な供物(野の物、山の物、海の物)をお供えします。

なお、仏壇か、神棚か、と言われれば、まず仏壇を持たれることをお勧めします。仏壇があれば、先祖供養と仏様への願いの両方ができるからです。

補足……仏壇で供えるお水は、先祖の位牌や過去帳にのみ供えます。仏様は、お茶です。

⓫先祖供養の意味と供養の仕方

あの世は、下から地獄界と呼ばれるような世界、その上に幽界、その上に霊界がありま す。幽界と霊界には、92段位と言われる階層があります。階層が低いほど環境が悪く、待遇も悪く、自由度も少なく、波動やエネルギーも低い、と言えます。

例えば、幽界の下層階級では、大雨が降ったりする殺風景な環境で、ひたすら軽労働をしたりして過ごしている人霊達もいます。すなわち、厳しい日々と言えます。幽界の中段以上の階層になると、環境や待遇や自由度が良くなり、波動やエネルギーもより高くなります。霊界に上がると、晴天でお花が咲きほこり、音楽が流れたりするような環境で、本を読むような待遇や子孫に会うこともできる自由度が与えられるようになります。すなわち、天国と言えるような日々を過ごすことができます。もちろん、波動やエネルギーもさらに高くなります。

あの世の人霊達は、階層を上がるために日々修行をしていますが、自力で階層を上がることは簡単ではありません(とりわけ難しいのは、幽界から霊界に上がる時です)。先祖供養は、先祖が階層を上がるための手助けとなります。浅野妙恵さんは、**先祖供養は先祖が階層を**

上がるための特急券のようなものであると言っています。

補足……霊の高低を決めるのは大日如来様であり、従って階層を決めるのは大日如来様です。また、輪廻転生も大日如来様が決められます。

ご先祖はすべて、子孫の幸せと繁栄を願っており、子孫を守りたいと思っています。しかし、幽界の下の方にいるご先祖には、子孫を守るだけの十分なエネルギー（パワー）がありませんので子孫を守ることはできません。ご先祖が子孫を守れるようになるためには、幽界や霊界の相当上のランクに上がることが必要です。

我が家は、300年以上前のご先祖がいますが、先祖供養をきちんとやってこなかったので、幽界や霊界の上の方まで上がっているご先祖は一人もいません。ご先祖が幽界の上の方まで上がり、守護霊となり子孫を守れるようになると、その家は順風満帆となります。

従って、**先祖供養は、先祖が階層を上がる（＝楽な日々となる）ための手助けの意味と、その結果として、先祖が幽界や霊界の高い階層に上がり子孫を守るようになる、という二つの意味を持っており、子々孫々に亘り先祖供養をする体制を作るということが極めて重要である、ということがご理解いただけると思います。**

先祖供養は、仏様にお願いし、私達も一緒に供養することで可能です。私達の力だけでは（いくらお経をあげても）、供養は届きづらいと言えます（特に、あの世に行ってあまり時が経っていない祖霊、信仰心の薄い祖霊、聞く耳を持たない性格の祖霊などには、届きづらいと言えます)。

毎日、仏壇で、仏様のお力をお借りし供養することが大事です。

また、あちらの世界は「念の世界」ですので、念力の強い和尚さんにお願いし、供養(この場合も仏様のお力をお借りします)していただくことが、より効果のある方法です。従って、月に一回、力のある和尚さんに先祖供養をお願いすることをお勧めします。

ご先祖が最も望んでいる供養は回忌供養で、次はお彼岸やお盆の供養です。従って、これらの供養は本当に力のある和尚さんがいる寺にお願いすることが大事です。

「供養とは仏やご先祖に心から供物を捧げること」

と言われていますが、これは全く意味を成しておらず、大きな間違いです。供養とは、

「ご先祖が魂を磨くためにお経を読み聞かせ、仏様(や先祖霊など)に導いていただいたり、ご修行に対するお力添えをいただくように、お願いすること」

なのです。

従って、第6章で記したように、お祈りの始めに供養する者の戒名などを読み上げ、

「これから某和尚がお経を読み上げますので、(○○家のご先祖様に)何卒良きお導きを賜りますことと、ご修行に対する一層のお力添えをお願い申し上げます」

と、その寺の仏様方にお願いするのです。もちろん、和尚さんや私達の真摯な祈り(お経)

もまた、ご先祖が魂を磨くための一助になっています。そして、結果が実れば（魂の浄化が進めば）、供養を受けた者は階層を上がることができる様になるのです。もちろん、お仏壇に仏様のいない家では、供養はできないことは明白です。従って、ご三尊の開眼供養は必須です。

回忌供養につきましては、亡くなられた方は供養を受けに供養の場に来られますが、魂があるレベルになると（先祖供養や自力の修行で階級を上がれるようになるため）回忌供養を必要としなくなります。死者の魂のレベルの状態は、本当の霊能力をもった和尚さんでないとわかりません。回忌供養の必要性を確認したい方は、そうした和尚さんに確認していただいて下さい。普通は、三十三回忌までやれば良いと考えられています。たまに、五十回忌まで要求する霊もいます。

補足……回忌供養は、故人の命日の3カ月以内に行います。必要な回忌供養の回数は生前の性格（魂の向上を図る意欲の有無）と信仰心である程度推定できます。あの世へ行った霊は暫く生前の人格を保ち、同じ考え方・性格・癖・人間性と信仰心を持っているからです。性格も信仰心も普通の霊は、三十三回忌まですれば大丈夫だと思います。この間に魂を磨き階級を上がることができるからです。性格がネガティブで信仰心もない霊は魂の浄化が図れませんので、五十回忌まで要求する可能性もあります。

これはどれだけ先祖供養がなされているかによっても異なってきます。ご先祖は自分の回忌がわかっており、回忌供養を期待している先祖は、回忌供養がなされなければ、大変悲しむそうです。故人にとって大事な回忌供養は、一周忌、三回忌、十三回忌、二十三回忌、そして五十回忌と言われています。特に、二十三回忌は大事だそうです。

この世にさまざまな人間がいてさまざまなことをしているように、先祖にもさまざまな人がいて生前さまざまなことをしています。それらは、さまざまな因果と業果を産み、新たな因縁、業因となって私達に作用します。

ご神仏は、「**過去の因縁を解消することは、今この世に生きている者の救済になる**」と仰られています。従って、より良い人生を得るためには、先祖供養をきちんと行い先祖の悪因縁や悪業因を浄化することも必要です。

⓬お墓の意味とお墓参り

お墓は、先祖の依り代であり、適宜(とくにお盆はすべき)お墓参りをするのは、人(子孫)として当たり前のことです。

特に、近親者が亡くなれば、少なくても3年間は墓参りをしたほうがいいようです。散骨してお墓を持たない人や無縁墓が増えてきています。お墓がなくなることは、依り代がなくなることであり、また、供養してくれる人がいなくなることを意味します。

ですから散骨して、お墓を持たず死後の供養もしてもらえない人は、あの世で大変後悔するそうです。中には、あの世に行けなくて、この世で不成仏霊になり苦しんでいる霊もいると思います。また、無縁墓となってしまえば、ご先祖も依り代がなくなり途方に暮れていることと思います。さらに、お墓参りをしていただけなくなり、先祖供養もしていただけなくなることは、先祖にとって大変寂しいことです。

また、階級を上がることが困難になり、長い期間あの世で厳しい日々を過ごすことになります。また、無縁墓で先祖供養もしてもらえないご先祖達は、あまり良い未来世は得られないと言えます。

散骨しても良いですが、もし既存のお墓があれば、先祖代々の位牌を作り、そしてご先祖の魂を位牌に移していただき、そして墓じまいをし、自分達の位牌を作り、そして死後自分達の魂をその位牌に入れていただき、ご先祖の位牌と自分達の位牌を永代供養していただくように処置すべきです。

墓地は、南向きで明るい墓地が最適です。墓石に樹木がおいかぶさっていると、身内に霊障が出ることもあり避けるべきです。墓石が損傷している場合も良くないため、同様に霊障が出る可能性があり、墓石屋さんに、直していただくべきです。また、墓地内で、とりわけ目立つような、大きな墓を作ることは避けるべきです。何故かと言うと、他の人の怨嗟《えんさ》の念が発生し、霊障を受けることがあるからです。

⓭ ご神仏に選ばれた人達による諸活動

この世には、ご神仏に認められ、ご神仏に指示をされて、私達のためになる働きをしてくれている方が、僅かですがいらっしゃいます。そうした方々がいらっしゃることを知り、そうした方々に　感謝し、できればお礼をすべきです。

その方達は、私達の代表として、ご神仏に選ばれ、私達や日本を守るお働きを、ご神仏と共に、してくれているのですから。ご神仏の依頼の内容はさまざまですが、自然災害をできるだけ最少に抑えること、他国との争いを防ぐこと、仏と神の意思疎通の手伝い、特定のことに関する調査依頼、復興菩薩様のような新たな仏様の創生依頼などがあります。

何故だかわかりませんが、ご神仏には、法力をもった和尚さんの祈りが必要なことがあるようです。

例えば、松井光輪先生のお話によると、先生には、「1月1日の朝、富士山の方角に向き、国家安泰を願い祈ってほしい」といった依頼や、「年末の山々を鎮めるため、真言の法による祈念を向けてほしい」といったような依頼が、頻繁にあったようです。

⓮本当の霊能者や超能力者達

本当の霊能者や超能力の何人かを第2章で紹介しましたが、そうした方々は大変少ないと言えます。特に、ご神仏に認められた方は極く僅かです。

テレビで出ているとか、インターネットで宣伝しているとか、本を出したり講演会をしたりとか、位が高い(例えば、大僧正)とか、といった表面的なことで、決して騙されないで下さい。本物の霊能者や超能力者でない可能性があります。例えば占い師の99パーセント以上は本物でないと言っている人もいます。ましてや、占い師は当たるも八卦当たらぬも八卦と言うことですから、あてにできないところがあります(当たる方もいるかもしれませんが)。

悩み事や相談事を持っている人は実にたくさんいると思われますが、やはり的確に相談に対処していただけるのはご神仏ですので、難しいことですが、ご神仏と本当にお話ができる霊能者を探し依頼するのが最も賢明な方法です。ご神仏は、未来の事をしゃべってはいけないそうですので、未来のことを聞くことはできませんが、そうした相談でも、適切なアドバイスはいただけると思います。

補足……この場合もまた、「本当の霊能者でまともな人」を見つけ出すことは極めて難しいことです。多くの人達が、いい加減な占い師や霊能者を名乗る人達に、多額の金銭を取られ、何も解決していただけなくて苦しんでいます。

また、力(法力)のある和尚さん(ご神仏のお力をお借りできる和尚さん)も大変少ないのが実情ですが、本当に力を持った和尚さんは、医者が見放した難病でも治すことができる可能性があります。

これらの和尚さんは、仏様の治癒力を最大限に引き出す方法を体得しており、ほとんどの難病を治すことができると言えます。こちらも同様に、本当に力を持った和尚さんが大変少ないことが問題です。

また、難病を治してくれる和尚さん達にも、いろいろな人格の方がおり、謝礼なども異なるので、事前に十分確認することが大事です。神様のお力をお借りできる神主さんもいらっしゃるかもしれませんが、私はそうした情報をあまり持っていません。ただし、第2章でご紹介した川崎光昭和尚は、神様に治療方法を教えていただいて難病を治しています。私や私の関係者は、何人かの和尚さんに病気治療をしていただいたことが何度もあり、効果があることを体験しています。難病でお困りの方は、第2章でご紹介した和尚さんに相談されることをお勧めします。

なお、霊能力と法力（超能力）は別物であり、織田先生のようにお加持の名手と言われた人でも、霊能力はありませんでした。もちろん、その逆のケースもあります。

補足ⅰ……ご神仏や人霊とお話しできる能力や、お加持などで難病を治せる能力を持っている方が、霊格が高い（人格者）とは限りません。中には霊格があまり高くない方もいますので、お願いする方の人格などを十分に確認することをお勧めします。

ⅱ……最近、不登校や引きこもりが増えています。私の周りにも大人になっているのに働く気がなく、家に引きこもっている人が何人もいます。そういう家は、先祖に何か問題がある場合もあるそうです（過去世の因果の結果として今の私達があるので）。そういうご家庭の多くは信心が薄いので、ご神仏と対話できるお方にお願いし、ご神仏に原因と対策をお伺いすることをお勧めします。引きこもりをして何もしないと魂が磨かれませんので、あの世で霊界の下層に行き、長い期間苦しい日々を過ごし、転生してもより厳しい試練（人生）が待っています。本人は元より、ご両親は因果応報の原理、人生の目的と正しい生き方を知り、子供を正しく導いてあげていただきたいと思います。

⓯ソウルメイトと良縁祈願

ソウルメイトとは、「魂の友」という意味で、肉体を超えた魂の繋がりを持つ人どうしのことです。一般的には、魂の成長のためにお互いに学び合うグループのことを言います。親や兄弟姉妹なども、過去世でも近親者(ソウルメイト、グループ)であった人達です。

すなわち、ソウルメイトは、過去世から、この世、未来世に亘り、ずっと役割を変えグループ者であり続けます。

例えば、最愛の人であったり、恋愛対象者であったり、憎しみの対象者であったり、殺し合いをしたり、騙し合いをしたり、親子だったり、友人だったり、反対の性になったり、と、世代により役者のように、この世で起こっていることのほとんどを演じ合い、お互いの魂を向上させるために学び合うのです。

私達は、親や兄弟姉妹などを選ぶことはできませんが、この人生で、人生の伴侶を見つけることになります。自然の流れで推移すれば、多くの場合、人生の伴侶もソウルメイトになる可能性が高いと言えます。

何故なら、神様は「出会わない場合もあるが、ほとんどの場合、ソウルメイトに出会う」と言っているからです。（桜井識子『神社仏閣 パワースポットで神さまとコンタクトしてきました』ハート出版）

この神様は三重県鈴鹿市の椿大神社《つばきおおかみやしろ》の神様ですが、この場合のソウルメイトとは、人生の伴侶のことです。私達にとって、最も重要なことは、「良い人生の伴侶を選ぶこと」と言えます。過去世で伴侶であったソウルメイトを選べば、幸せになれるかと言えば、決してそうとも言えないことが、桜井さんの経験からわかります。彼女は、幾世代か、1人のソウルメイトと夫婦関係や男女関係を経験し、何回か離婚したり、浮気相手であったりしています。

幸いなことに、人生の伴侶は今世で選ぶことができますので、かつてのソウルメイトにとらわれず、良い人間を選ぶべきです。特に、女性の場合、「幸せは男性次第」と言われていますので、人生の伴侶は、自分に合った（お互いに幸せになれる）良い人間を選ぶべきです。

補足……椿大神社は主神として猿田彦《さるたひこ》大神をお祀りしている神社の総本社。松下幸之助さんもよく参拝されたそうで、ほとんどの（願い）事に大変霊験あらたかな神社として信仰されています。

最近日本では、3組に1組が離婚しているとのことです。離婚の理由は諸々ですが、要は、自分に合ったベストパートナーでなかった、ということです。神様（椿大神社の神様）は、

「その人が良い人間かどうか見極めて、良い人間なら縁を結んでやるが、悪い人間だったら結ばない」（同書）

と仰っています。

従って、**神様に良縁**（良い伴侶）**を探していただくことが最も賢明な方法と言えます。**縁を結ぶと言うことは、今世も来世もその次の人生もずっと関係が続いていくことを意味します。従って、神様に選んでいただいた人生の伴侶とは、（新しい）ソウルメイトとして未来世も共に過ごすことになり、未来世でも幸せな結婚生活を過ごすことができると言えます（未来世で伴侶が変わる可能性もありますが）。

もちろん、過去世で幸せな結婚生活を過ごしてきた人は、今世でも自然とソウルメイトと出会い、また幸せな結婚生活ができる確率が高いと思いますが、過去世で幸せな結婚生活をしてきたかどうかは、普通の人にはわからないことなので、やはり神様に良い伴侶を探していただくことが賢明と言えます。

それまでは、性欲を抑制し、シングルマザーや不幸な家庭を作らないように賢明な行動を取って下さい。今の若い人たちの中には、性欲を抑制できず、安易に一緒になり、子供を作り、不幸な家庭を作っている人が多くいます。

これも、結局は、親が「人生の目的や正しい生き方」を教えてあげていないからです。大切なことは、良縁を探してくれる確たるところを見つけ出すことです。私が、知っているのは「超法輪」だけですが、出雲大社や大国主命様をお祀りする神社などで、お力を持った神主さんに頼めればいいと思います。

もちろん、一般の神社でも縁結びの得意な神様のいらっしゃる神社(例えば、前述の椿大神社など)もありますので、そうした神社で真剣にお願いすれば、良い人との縁結びをしていただけます。

補足……超法輪では、2017年5月まで毎月「良縁祈願」の日を設けていました。良縁祈願の日には、ほとんどの場合、大国主命様が超法輪にいらっしゃっていました。良縁祈願は、良い相手を見つけていただくことの他に、良い就職先を見つけていただくことなども含まれます。私達の場合には、大変なご利益を短期間で得ることができました。

⑯正しい宗教の選択が大事

ご神仏は、役割を決めて、日本の国を守ったり、自然災害を最少にしたり、事故や災難から守ってくれたりして、私達を守ってくれています。

また、特定のご神仏をお祀りし、崇拝し、日々真剣な祈りを捧げることにより、その個人の守護仏・守護神として、あらゆる災難から守っていただけるようになります。

一般的には、初めは「眷属」に守護される場合が多いようです。人間として、ある程度レベルが上がってくれば、ご神仏により守護されるようになります。また、仏様はあの世の管理をしていますので、先祖供養からも仏様が必要です。

以上のことから、私達には、仏教（顕教か密教）と神道が必要だということがおわかりいただけると思います。

然しながら、日本には、仏教や神道の他に、キリスト教や多数の新興宗教があります。私達は正しい宗教（教団）を選ぶべきですが、正しい宗教を選ぶためには確固とした判断基準が必要です。すなわち、

①人間性を高めていただける（正しい生き方へ導いてくれる）こと

②（できれば）ご神仏と対話し問題を解決してもらえること
③真剣な願いを聞き届けてくれ、守護していただけること
④ご先祖の供養をきちんとしていただけること、などです。

新興宗教の中には、かつてのオーム真理教のような狂団や多くの邪教と言うべき団体もあります。宗教団体は、一般的には「信仰の対象（ご本尊、ご祭神、教祖など）と教典」により判断されますが、ほとんどの教団は、①～④にマッチしないと思われます。ところが、ほとんどの人は①～④の判断基準を持たず（知らず）、言葉巧みな新興宗教団体の勧誘に誘われて極めて安易に入信しています。

この背景には、日本人としては、長い間お釈迦様の顕教と大日如来様の密教が馴染みの宗教でしたが、第5章で述べたように、お寺を担う僧侶の能力が未熟で、信者の期待に応えられない寺が多くあり、信者の菩提寺に対する信頼性と必要性が希薄となり、退廃の一途を辿っているという問題もあります。

神社に関しても、同様なことが言えます。従って、如何にして判断基準にマッチする寺院や神社を見つけられるか、ということが課題だと言えます。

私達は判断基準にマッチしたお寺を見つけ、その寺の和尚さんにより仏様に降臨していただき、仏様に我が家の神様を選んでいただき、我が家にお迎えさせていただきました。

補足……新興宗教の中には、多額のお布施や新しい信者の勧誘を煽《あお》る教団もありますが、こうした宗教団体は典型的な邪教です。また、我が宗教団体に入れば救われるが他の宗教は邪教である、と言うような宗教団体も典型的な邪教集団です。また、礼拝の対象は本当のご神仏でなければならず、新興宗教の教祖が礼拝の対象となっているような宗教団体は、それらの教祖は信者を救う力を持っていませんので、入信すべきではありません。
(ご神仏はあらゆる面において、新興宗教の教祖達と比べ物にならない程高いレベルであることが何故わからないのか、私には理解できません)

ご神仏を超えるような能力を持った教祖は絶対にいないことを理解してほしいと思います。①～④の判断基準に基づき、正しい宗教教団を見つけていただきたいと思います。また、多くの人が新興宗教の教祖(教団)の言う神秘的な能力という宣伝に魅かれ入信したりしていますが、もしその教団に神秘的なことが起こったことがあったとしても、それはいつも起こることではなく、もし起こっていたとしても、それは危険なことであり、ご神仏以外のそのような現象には決して引き込まれないようにして下さい。

神道につきましては、日本には八百万の神様がいらっしゃり、どの神様を信仰するか(ご縁をいただくか)大変迷われると思います。代表的な神様としては、天津神としての天照大御神様と国津神としての大国主命様と氏神様ということになります。

神様の数え方は、1柱《はしら》、2柱と数えます。一般的には、3柱として、天照大御神様、大国主命様、氏神様をお祀りする家庭が多いと思います。

荒神様も多くの家庭でお祀りされています。また、第4章に記述するように多くの大神様がおられ、それらの神様ももちろん多く祀られています。

補足……神様は、関係の深い神様をご1柱お祀りするだけでもかまいません。あまり、多くなり過ぎないようにすべきです(多いと、神様が遠慮し合うため、お力を発揮していただけない)。

正しいお寺の選択も大変大事なことです。私の知っている家に、信心の薄い家があります。その家の菩提寺は、多くの檀家を抱える、大変裕福なお寺です。しかし、和尚さんはサラリーマンをしながらお寺を営んできた人であり、私には僧侶としての力量や威厳を全く感じることはできません(すなわち、檀家さんを正しく導くことができない)。

多くの檀家さんは、そのお寺の和尚さんの影響を受けますので、そのお寺には信心の薄い檀家が多いと思われます。従って、菩提寺を変えることが地域柄難しいなら、それはそのままにしておいて、別途自分達を導いてくれる良いお寺を探し、時々そのお寺の和尚さんに薫陶を受けることをお勧めします。ただし、第5章で既述したように、本当に信頼できるお寺が少ないので、良いお寺を探すことは大変難しいと言えます。

⑰ 悟り

悟りについての説明は割愛しましたが、玉城康四郎先生はお釈迦様と同じ悟りを体験していますので、少し説明します。

玉城先生は、「純粋な命（ダンマまたは法）を感じること」を悟りと定義しています。玉城先生は、僅か26歳の時に、ダンマを体験しています。それは、目覚め（悟りの序）の実現と言えます。

命は、宇宙に充満しています。ダンマを感じられる時には、かつてない喜びと安心感に全身が満たされ、一切の疑惑が消失するそうです。しかし、それは目覚めの実現であり、真の悟りを実現するためには「深い禅定を得ること」が必要と言われています。

お釈迦様は悟りの段階（禅定の深まり）を四沙門果《ししゃもんか》（修行者が得る四つの結果）と言われるように、4段階に分けられています。

すなわち、「預流果《よるか》、一来果《いちらいか》、不還果《ふげんか》、阿羅漢果《あらかんか》」の4段階です。

玉城先生は、83歳になって、阿羅漢果の状態が得られたと言っています。

すなわち、お釈迦様の得られた境地に達したわけで、玉城先生も前世は仏尊だったのではないかと思われます。

悟りを得れば煩悩はなくなる、と言われたりもしますが、煩悩は肉体に付随しており、肉体がある限り煩悩はなくならない、と言えます。お釈迦様は、深い悟りを得られたので、煩悩を受け流すことができ、極めて優れた人格者であったと考えられます。悟りを得たと言う人が他に何人かいますが、玉城先生やお釈迦様の悟りこそ本当の悟りと言えます。すなわち、悟りを得るとは「ダンマの感得と深い禅定」を得るということです。

補足……命が宇宙に充満しているということは、私達すべては繋がっていることを意味し、それ故、お加持が可能となります。

⑱人生の目的に合った正しい生き方こそが大事である

私達の周りには、人生の目的にマッチしない願望（目標）などを持って人生を過ごしている人がたくさんいます。

例えば、テレビに出て有名になりたい人、グラビア・アイドルやモデルになりたい人、歌手になりたい人、スポーツ選手になりたい人、霊能力者を気取りマスコミに出ている人などです。これらの人達のほとんどの願望は、「人に目立ちたい、有名になりたい、お金を稼ぎたい」ということです。

そうした願望を達成できたとしても、この人生で魂を磨くことができなければ、あの世に行った時は幽界の低い階層に行くことになり、未来世でも好ましくない結果を受けることになります（お大師様は、お金がドンドン溜り、名誉・有名になり、組織のトップになることが目的でないと仰っています。第3章参照）。

また、最近よく目にする本に「引き寄せの法則」関係の本がありますが、こうした本の内容を実践し幸運を得られたとしても、それは本当の幸運とは言えません。

私達の目標は「霊格を如来のレベルまで高めること」です。

人生で経験するいろいろな事や願望（目標）が、その究極の目的（魂を磨くこと）にマッチしたものであるかどうかを考えることが最も大事な事と言えます。また、魂の成長を図るための特効薬はありません。いろいろな苦難（試練）を克服し、喜びや悲しみ、感動などを経験し、魂は徐々に磨かれて成長するのです。

お大師様は、

「人間として、この世を全うし、人の道に反することなく、己の使命を全うし、邪悪な心をコントロールし、明るく希望に満ちた人生を生きなさい」

と言っています。

従って、もし「引き寄せの法則」で、束の間の人生で、幸福を得られたとしても、それが魂の成長につながるとは考えられません。ですから、決して本質を見失わないで下さい。

魂の成長を図るためには、「正しい生き方」を実践することが必要です。楽な、安易な、人生を送ることは、多くの人が望むことですが、そうした人生が魂の成長につながるとは言えないことを理解して下さい。今世で、魂の成長が図れていなければ、幽界の低い階層に行くことになり、また、未来世で必ず魂の成長を図る試練が待っています。

私達はこの世に使命を持って生まれてきていますので、例え不具者や不幸な環境（孤児や貧困など）であっても、決してそうした現実から逃げないで、希望と目的を持って力強くこの世を生き抜いて下さい。
余りにも間違った考え方をしている人が多いので、再度申し上げますが、お金持ちになること、有名人になること、社長になること、政治家になることなどだけを目標にして人生を過ごすことは正しくありません。
正しい目標は、そうした諸々の目標を達成する努力をしたり、達成したりすることを**通じて魂を磨くこと**でなければなりません。

補足・i……「引き寄せの法則」などの運を開く方法は、ナポレオン・ヒル（アメリカの作家）の「思考は現実化する」という話に起因しています。しかし、すべてが思うようになるわけではありません。引きこもりでこの人生を終えた人は、魂は磨かれず、逆に汚れることになる可能性があり、あの世での低い階級とより悪い未来世が与えられることを親子共々、知るべきです。

ii……本書で述べた人生の目的と正しい生き方や階級世界などのことを知れば、この世の間違いだらけの出来事に気づかれることと思います。生かされていることに感謝し、魂を磨くことが目的であることに気づき、謙虚な気持ちで、目的を少しでも達成する生き方ができない人は哀れな人だと思います。

⓳死にゆく人の心得と（死にゆく人への）対応

死が間近に迫り、死に対する恐怖・苦しみをもっている人はたくさんいます。そういう方達をケアーする職業として、看取り士や臨床宗教師などがあります。

看取り士は、余命宣告を受けた人の納棺までの心・魂に寄り添って尊厳が守られ自然で幸せな最後を迎えることができるように手助けを行い、臨床宗教師は、死にゆく人に安心《あんじん》を与え、宗教の立場から心理面での寄り添いを行う活動をされていると言えます。

死に対する恐怖・苦しみを取り去って、緩和してあげることは大変良いことだと思いますが、問題は根本的な対処となっていないことだと私は思います。死に直面している人達の状況や人格などはさまざまで、その対応方法もさまざまだと思いますが、基本的には次のようなことをお話しし納得していただくべきだと思います。

すなわち、

①私達の本体は霊魂であり、死とは肉体がなくなるだけのことであり霊魂は残ること

②霊魂があれば生きている状態と同じことが行えるため、人間は永久に死なないと言えること

③霊魂には、低級霊～高級霊というように霊的レベルがあり、私達はこの世でも、あの世でも霊魂のレベルを上げるために修行をしていること、そして、死にゆく今の恐怖・苦しみを克服することも修行の一環であること
④あの世が本来の世界であり、この世は仮の世界であること
⑤死ぬことは全く苦痛ではなく、死んであの世に帰ること（成仏すること）が本来の姿で、この世に残ることは不成仏となることであり、霊的成長が止まり輪廻転生もできず、苦しむことになること
⑥あの世は階級世界であり、より高い階層に進むために、この世でも、あの世でも霊格を高める修行をしていること
⑦階層が高くなるに従い、環境・待遇・自由度などが良くなり、波動・エネルギーが高くなること、
⑧あの世での階層を上がるためには、素直な心や仏様を信じ、礼拝することと子孫による先祖供養や永代供養を行ってもらうことが重要であること
などの話をし、理解していただくことが必要だと思います。

人は死んで大事な人の体内に帰ると強く信じている（これは執着心です）と、亡くなった人はこの世に未練を持ち、成仏できなくなって不成仏霊になる可能性がありますので、快

くあの世に送りだしてやることが重要です。

＊　＊　＊

これまでお話した結果として、私達がこの世でやらなければならないことは、次の三点ということになります。すなわち、

①自己の魂を磨くこと
②先祖供養を今後代々行っていく形を構築し実施すること
③過去世で作った悪業を現世で返さなければならない人はそれを返すこと

です。

この内、①と②はすでに説明した通りですのでおわかりいただけると思いますが、③につきましてはご神仏にお伺いしない限り私達にはわからないことです。

私達は、③はあまり気にせず、①と②をしっかりと意識して行っていけばいいと思います。もちろん、①に関係して、現世の使命は果たさなければなりません。

宇宙的な視点で、私達を考えた時に、次のように言うことができます。

宇宙は物理的なエネルギー（パワー）と霊的なエネルギーで満ち溢れています。地球も同

様です。霊的エネルギーを持っている宇宙は意識体でもあり大日如来様という仏様と称されています。

宇宙に存在するそれぞれの星はお互いに、物理的エネルギーと霊的エネルギーを影響し合っていますが、物理的エネルギーは距離に関係しますので、遠く離れた星同士は影響し合いません。例えば、地球は距離の近い月や太陽などから物理的なエネルギー(引力や熱など)と霊的なエネルギーの影響を受けています。

霊的エネルギーは、距離には関係しませんので、すべての星が地球に(私達に)影響しています。霊的なエネルギーがなければ生命は存在できません。

物理的・霊的エネルギーは、変化しています。宇宙に存在するすべてのモノは意識体ですから、密教で行われている星祭(星供養)は、星からの悪い霊的エネルギーの影響をできるだけ最少にすることを、その年の星に、祈り、願うのです。

我が家でも、毎年「開運星祭」のお札をいただいています。

ちなみに、織姫と彦星は、大日如来様の許可を得て、七夕の日に本当に会っているそうです(霊的な出会いです)。

こうして考えると、私達は大変小さな、取るに足らない存在のように思われますが、人間のレベルで考えると「命ほど貴いものはない」と言うことができます。

従って、与えられた命を大事にし、仏様に感謝し、一生懸命正しく生き、天寿を全うすることが大事です。

最後に、「できるだけ多くの皆さんが、人生の目的を知り、正しい生き方を実践し、個々人が魂のレベル（霊格）を上げることにより、個々人が幸せになり、日本が・世界が良く成ること」を切に願っています。

日本のすべての人達の霊格が上がれば、日本はより良くなり、また、世界の人達の霊格が上がれば、世界はより良くなります。

虚空蔵菩薩様は、

「人は楽であれば成長もしない。個々の魂を磨くことは、この世全体を救うことである」

と仰られています。

あとがき

私は工業系の技術者であり、（金属の）切削加工に関係のある専門書をもう1冊書きたいと思っています。このような一般書を書くことは、まったく考えていませんでした。

このような本を書くことになったのは、故・松井光輪先生やお弟子さん達の、

「小坂さんは、論理的に考えることができるし、諸々のことを知っているから、本を書きはったら！」

というお勧めや、松井光輪先生の、

「知っていることをできるだけ教えてあげます」

とのお言葉があったからです。

本書のタイトルにある「人生の目的」（人生の恒久的目的）を知るためには、あの世のことやご神仏のことなどの目に見えないことを知る必要がありますが、こうしたことは松井光輪先生がすべて教えてくれました。

私と松井光輪先生との交流期間は、僅か3年数カ月でしたが、大変密度の濃い期間でした。しかし、松井光輪先生にお聞きしたかったことは、たくさんあります。松井先生も、「もう少し早く、小坂さんに会えていればよかったのに」と常々仰っていました。松井先生とお知り合いになり、本書が書けるようになったのは、すべてお大師様のお導きだと思っています。

この内容をここまで踏み込んで明確に書いた本は、あまりないかもしれません。本に既述のように、「人生の(恒久的)目的」を明確に知っている人はほとんどいませんし、従って、人生の正しい生き方を知っている人もほとんどいないということになります。ですから、世の中には、実にたくさんの方々が、間違った考えや言動や行動をしています。

本書はすべての方にとって大変重要な、「人生のガイド本」であると思っています。仏様に仕える僧侶の方々にも、是非参考にしていただきたいと思っています。

松井光輪先生は持病を持っていましたが、仏様から「**私達が守るので、手術はしないように**」と言われていたそうです。事実、時折、松井光輪先生の様子を見に、仏様が降りてこられていたようです。ですから、松井光輪先生は、仏様が見守る中で仏界に逝かれたのだと思います。今、仏界から私達縁者に、常にパワーを送ってくれています。

2017年のお正月に超法輪に参拝に行った時に、新管長より仏様のお言葉を聞いていただきましたが、松井光輪先生が出て来られ、「本ができるのを楽しみに待っています」とのお言葉でした。

本書は、ご神仏のお言葉をたくさん使わせていただいていますので、ご神仏の許可を取る必要があり、知人を介してお大師様に原稿を読んでいただきました。

お大師様より、「一部の文章を削除した方が良い」とのお話があり、それらの文章を削除いたしました。あとは、特にご意見はありませんでしたので、ご許可いただいたものとして理解しています。

本書の出版に関し、ナチュラルスピリットの今井社長のアドバイスとご理解に心より感謝申し上げます。

小坂弘道

2017年11月吉日

参考文献

本書を執筆するにあたり参考にさせていただきました。厚く御礼申し上げます。

浅野妙恵『神霊界の真実』（たま出版）
浅野妙恵『霊界の秘密』（潮文社）
瓜生中『大雑学2 なるほど仏教入門』（毎日新聞社）
桜井識子『ひっそりとスピリチュアルしています』（ハート出版）
桜井識子『神社仏閣 パワースポットで神さまとコンタクトしてきました』（ハート出版）
砂澤たまゑ『霊能一代』（新元社）
超法輪会報誌『らしく』
戸部民夫『「日本の神様」がよくわかる本』（PHP文庫）
中村公隆『密教を生きる』（春秋社）
出口斎 編『神仙の人 出口日出麿』（天声社）
松井光輪『天からの贈りもの』（中央文化出版）
密門会会報誌『多聞』（金鶏山真成院）
山蔭基央『神道の神秘』（春秋社）
山野寛然『心霊界』（サンロード）

◆ 著　者 ……………………………………………
小坂弘道 Hiromichi Kosaka
1945年高知県生まれ。1968年千葉工業大学卒。同年（株）宮野製作所（現アルプスツール）入社。1976年サンドビック（株）コロマント事業部入社。2010年同社を定年退職。関西在住。30代の後半に仏教、特に密教に興味を持ち初め、以来、何人かの和尚と巡り合い知識を得、お加持等の法力も体験。また、多くの霊的体験も得る。そして、あの世のことやご神仏のことや法界の原理と仕組みを知ることになり、その結果、人生の目的と正しい生き方を知ることとなる。著書として『切削加工の基本知識』（日刊工業新聞社）がある。

霊能者との出会いを通してわかった
人生の目的と生き方

●

2017年12月8日　初版発行

著者／小坂弘道

発行者／今井博央希
発行所／株式会社ナチュラルスピリット
〒107-0062 東京都港区南青山5-1-10
南青山第一マンションズ602
TEL 03-6450-5938 FAX 03-6450-5978
E-mail:info@naturalspirit.co.jp
ホームページ http://www.naturalspirit.co.jp/

印刷所／モリモト印刷株式会社

ISBN978-4-86451-255-8 C0010
落丁・乱丁の場合はお取り替えいたします。
定価はカバーに表示してあります。